第五届全国优秀科普作品奖
获奖证书

关庆利同志：

您主编的《海洋小百科全书》一书荣获第五届全国优秀科普作品奖科普图书类三等奖，特颁此证。

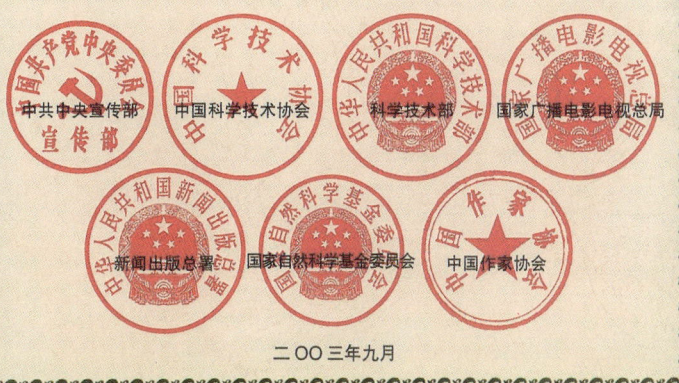

二〇〇三年九月

《海洋小百科全书》于 2002 年 5 月出版，2003 年 9 月被中国共产党中央委员会宣传部、中国科学技术协会、中华人民共和国科学技术部、国家广播电影电视总局、中华人民共和国新闻出版总署、国家自然科学基金委员会、中国作家协会联合授予"第五届全国优秀科普作品奖科普图书类三等奖"。本书于 2007 年 10 月修订再版，现再次修订，由中山大学出版社出版。

《海洋小百科全书》荣获"第五届全国优秀科普作品奖"

海洋 小百科 全书

主　编　关庆利
副主编　丁玉柱　彭　垣

海洋权益

李　湛　王晓菡　编著

中山大学出版社
·广州·

版权所有　翻印必究

图书在版编目(CIP)数据

海洋权益/李湛,王晓菡编著.—广州:中山大学出版社,2012.1

(海洋小百科全书/关庆利主编)

ISBN 978-7-306-03560-8

Ⅰ.①海… Ⅱ.①李…②王… Ⅲ.①海洋权－普及读物 Ⅳ.①D993.5-49

中国版本图书馆 CIP 数据核字(2009)第 231673 号

出 版 人:	徐　劲
策划编辑:	蔡浩然
责任编辑:	蔡浩然
装帧设计:	杨桂荣　林绵华
责任校对:	邹岚萍
责任技编:	何雅涛
出版发行:	中山大学出版社
电　　话:	编辑部 020－84111996,84113349
	发行部 020－84111998,84111981,84111160
地　　址:	广州市新港西路 135 号
邮　　编:	510275　　　传　真:020－84036565
网　　址:	http://www.zsup.com.cn　E-mail:zdcbs@mail.sysu.edu.cn
印 刷 者:	佛山市浩文彩色印刷有限公司
规　　格:	880mm×1230mm　1/32　10 印张　210 千字　4 插页
版次印次:	2012 年 1 月第 1 版
	2014 年 4 月第 4 次印刷
定　　价:	19.80 元

如发现本书因印装质量影响阅读,请与出版社发行部联系调换

海洋权益

海洋小百科全书

联合国总部 ▲

◀ 执行任务的海监船

▶ 联合国徽

▲ 中国海监飞机

▶ 海牙国际法院

▲ 哥伦布

▶ 葡萄牙地理大发现纪念碑

▶ 祖国的岛屿——钓鱼岛

我西沙将士严守海防 ▲

我国的西沙永兴岛 ▲

海洋权益

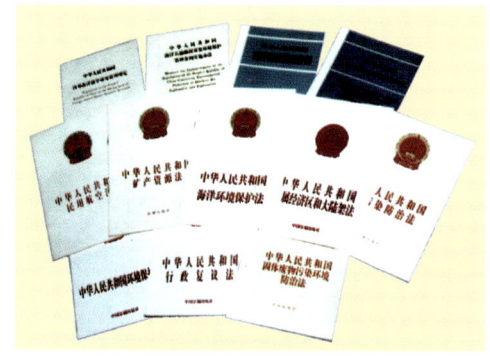

▲ 我国的海洋法规

▲ 海关关徽

▲ 中国代表团出席联合国海洋法律会议

◀ 护我海疆

▲ 香港特别行政区区徽

澳门特别行政区区旗 ▲

中英签署解决香港问题的联合声明 ▲

► 中葡签约解决澳门问题

序言

　　海洋是人类的母亲,也是人类千万年来取之不尽、用之不竭的巨大资源宝库。在人类赖以生存的蓝色星球——地球上,蔚蓝色的海洋占有约71%的总面积。

　　雄踞在这颗蓝色星球的东方、浩瀚无垠的太平洋西岸上的中华人民共和国,不仅拥有960万平方千米的陆地国土,而且还拥有300万平方千米的海洋国土,有着1.8万千米绵延曲折的海岸线。在这浩瀚的蓝色国土上,珍珠般地镶嵌着大大小小6500多个美丽而富饶的岛屿。

　　勤劳勇敢的中华民族,在古代就凭着自己卓越的智慧和创造力,伐木成舟,劈波斩浪,牵星观月,远渡重洋,以举世瞩目的海洋文明跻身于世界航海强国的民族之林。

　　21世纪是海洋的世纪,21世纪的主人翁就是今天的青少年朋友。他们不仅是我国的未来和希望,而且必定是21世纪振兴经济和提升海洋科技的主力军。海洋将是青少年朋友报效祖国、振兴中华民族大显身手的辉煌舞台。只有帮助青少年及早地以科学的眼光认识世界的发展,科学地把握未来,早日加入到海洋开发建设的队伍中来,才能更好地发展我国的海洋经济,捍卫我国的海洋权益。未来是海洋的时代,只有让广大的青少年了解海洋、接近海洋、认识海洋,才能把握海洋、开发海洋、利用海洋和捍卫海洋权益,为祖国的海洋开发建设作贡献,为中华民族的子孙后代造福。为了提高中华民族的海洋文化素质,再铸中华民族海洋文明的辉煌,使我国成为21世纪的海洋强国,有识之士必须从现在做起,从青少年抓起,全面培养我国青少年的海洋意识,普及海洋科学知识,提高海洋科技技能,增强蓝色国土观念和捍卫海洋权益的责任感、使命感。从这个意义上说,在人类进入21世纪的伟大时代,在全球开始创造海洋经济的伟大时刻,在世界日益关注海洋权益的今天,出版这套经过缜密修订的全面、系统、科学地介绍海洋知识的《海洋小百科全书》,无疑是奉献给我国青少年朋友的一份珍贵礼物,是激发青少年的海洋兴趣、增长海洋知识、普及海洋文化、宣传海洋文明、提高海洋素质、促进海洋教育所做的一件功在当代、利在千秋的非常具有实践成就和指导意义的工作。

绚丽多姿的海洋召唤着青少年朋友们去探索和揭秘,无穷无尽的海洋宝藏等待着有志于海洋事业的青少年朋友们去开发和利用。这套图文并茂、深入浅出的《海洋小百科全书》,必将以丰富的知识性、深刻的思想性和高雅的趣味性,成为青少年朋友在蓝色海洋里成长、成才的良师益友。

祝愿青少年朋友读完这套书后能够早日成为大海的骄子,为把祖国建设成伟大的海洋经济强国和海洋科技强国贡献自己宝贵的青春和智慧。

国家海洋局局长:

2010年4月6日

海洋权益

目 录

一、蓝色的海洋国土

1. 为什么会有关于海洋的法律？ (2)
2. 什么是海洋法？ (2)
3. 海洋法管哪些事情？ (3)
4. 为什么称海洋是"蓝色国土"？ (4)
5. 海洋法是国家之间的规则吗？ (5)
6. 谁来掌握海洋法的天平？ (6)
7. "海洋法"与"海法"是什么关系？ (7)
8. 海洋法是怎样萌生的？ (8)
9. 海洋是大家共有的吗？ (9)
10. 谁是中世纪海洋的主人？ (10)
11. 你知道海洋争斗的历史吗？ (11)
12. "无敌舰队"是怎样覆灭的？ (12)
13. 习惯成自然也能形成海洋法规吗？ (13)
14. 谁是"国际法之父"？ (13)
15. "海洋自由论"在历史上起到了什么作用？ (14)
16. 为什么会有人反对海洋自由论？ (15)
17. 公海和领海制度是怎样建立的？ (16)
18. 用大炮划定领海的主张是如何产生的？ (16)
19. 大炮射程理论也能成为法律规则吗？ (18)
20. 为什么要编纂海洋法规则？ (18)
21. 谁来编纂的海洋法？ (19)

22. 被普遍遵守的海洋法是怎样制定出来的？ ………… (20)
23. 第一次大规模海洋法会议是何时召开的？ ………… (20)
24. 联合国对海洋法的发展起了什么作用？ ………… (21)
25. 第一次联合国海洋法会议是何时举行的？ ………… (22)
26. 《联合国海洋法公约》是怎样产生的？ ………… (22)
27. 我国是哪一年批准《联合国海洋法公约》的？ ………… (23)
28. 《联合国海洋法公约》有哪些主要内容？ ………… (24)
29. 你知道什么是领海吗？ ………… (24)
30. 为什么捕鱼也会违法？ ………… (25)
31. 领水和领海是一回事吗？ ………… (26)
32. 历史上是怎样争论领海宽度问题的？ ………… (26)
33. 为什么会有领海宽度的斗争？ ………… (27)
34. 船舶的航程可以确定领海的宽度吗？ ………… (28)
35. 什么是领海宽度的"视野说"？ ………… (29)
36. 领海的宽度是多少？ ………… (29)
37. 领海宽度只能是12海里吗？ ………… (30)
38. 领海的宽度是从哪里开始起算的？ ………… (31)
39. 我国是用什么方法划定领海的？ ………… (31)
40. 为什么英国和挪威之间会有渔业纠纷？ ………… (32)
41. 直线基线能随意划吗？ ………… (33)
42. 英国和挪威之间的渔业纠纷产生了什么影响？ ………… (33)
43. 什么是混合基线？ ………… (34)
44. 如何在低潮高地划定领海基线？ ………… (34)
45. 如何确定领海外部界限？ ………… (35)
46. 什么是平行线划法？ ………… (36)
47. 怎样用交圆法划定领海外部界限？ ………… (36)
48. 共同正切线划界法的奥妙在哪里？ ………… (37)
49. 怎样解决领海划界的纠纷？ ………… (38)
50. 外国船舶能不能不经许可进入别国的领海？ ………… (39)

51. 航海中的无害通过是什么意思? (39)
52. 神秘的潜水艇为什么不受欢迎? (40)
53. 哪些活动被视为对沿海国"有害"? (41)
54. 谁应当对科孚海峡案负责? (41)
55. 外国船舶无害通过要不要受保护? (42)
56. 在别国的领海可以扫雷吗? (43)
57. 外国的军舰有没有无害通过权? (44)
58. 沿海国在领海上什么都可以管吗? (45)
59. 国家的领域管辖权力主要体现在哪些方面? (46)
60. 国家的属人管辖权有多大? (47)
61. 国家间为什么会有权力的冲突? (47)
62. 国家的权力是怎样受限制的? (48)
63. 如何对付领海内的犯罪? (49)
64. 为什么不能管外国的军舰和政府船舶? (49)
65. "交易"号是不是政府公用船舶? (50)
66. 应不应当扣押"比利时国会"号? (51)
67. "比利时国会"号到底应不应当有豁免权? (52)
68. 对外国的国有船舶都不能管吗? (53)
69. 什么是内海? (53)
70. 内海和内水一样吗? (54)
71. 在内海里能不能无害通过? (55)
72. 能成为内海的海峡有哪些? (56)
73. 河口湾的领海如何确定? (57)
74. 什么是"内陆海"? (57)
75. 里海是由谁来管理? (58)
76. 弯曲的海岸就是海湾吗? (59)
77. 什么是内海海湾? (60)
78. 什么是历史性海湾? (61)
79. 怎样才能算是历史性海湾? (62)

80. 港口水域是领海还是内海？ ……………………………（63）
81. 领海以外就是公海吗？ ……………………………………（63）
82. 怎样对付领海外的神秘"游弋者"？ ……………………（64）
83. 为什么要追击"孤独"号？ ………………………………（65）
84. 什么是毗连区？ ……………………………………………（65）
85. 毗连区制度是怎样产生的？ ………………………………（66）

二、繁杂的海域划分

86. 你知道什么是岛屿吗？ ……………………………………（69）
87. 河流冲积成的岛屿应属于谁？ ……………………………（69）
88. 有先占为主的说法吗？ ……………………………………（70）
89. "无主地"真的没有主人吗？ ………………………………（71）
90. 什么是"有效占领"？ ………………………………………（72）
91. 帕尔马斯岛应属于谁？ ……………………………………（72）
92. 离自己近的岛屿就是自己的吗？ …………………………（73）
93. "热情之岛"的传说能确定它的主权属于谁吗？ ………（74）
94. 采集鸟粪事件说明了什么？ ………………………………（75）
95. 怎样才算是对荒岛的"有效统治"？ ……………………（75）
96. 你知道"绿色土地"之争吗？ ……………………………（76）
97. 冰天雪地的地方有没有主人？ ……………………………（77）
98. 南极也可以先占为主吗？ …………………………………（78）
99. 为什么会有对北极的争夺？ ………………………………（79）
100. 谁提出的扇形原则？ ……………………………………（80）
101. 什么样的国家才叫群岛国？ ……………………………（81）
102. 群岛国的领海怎样界定？ ………………………………（82）
103. 划定群岛基线有没有限制？ ……………………………（82）

104. 群岛水域有什么特别之处？	(83)
105. 怎样通过群岛水域？	(84)
106. 海峡对海上运输有什么重要意义？	(84)
107. 为什么说海峡是"海洋的咽喉"？	(85)
108. 如何使用海峡？	(86)
109. 海峡可分为哪几类？	(87)
110. 用于国际航行的海峡的重要之处是什么？	(87)
111. 什么叫过境通行制度？	(88)
112. 过境通行的潜艇要不要浮出水面？	(88)
113. 黑海海峡为什么会有专门的航行制度？	(89)
114. 钻探船可以在大贝尔特海峡自由通行吗？	(90)
115. 什么是专属经济区？	(92)
116. 专属经济区是公海还是领海？	(93)
117. 专属经济区制度是"对公海的分割和掠夺"吗？	(94)
118. 专属经济区内有哪些专属的经济权利？	(94)
119. 怎么保护大麻哈鱼？	(95)
120. 如何养护专属经济区内的生物资源？	(96)
121. 为什么会有专属渔区？	(97)
122. 专属渔区制度是怎么产生的？	(97)
123. 为什么会有"鳕鱼战争"？	(98)
124. "鳕鱼战争"是怎样平息的？	(99)
125. 在外国的专属经济区内能不能捕鱼？	(100)
126. 内陆国是否可以到别国海区捕鱼？	(101)
127. 人工岛屿也有领海吗？	(102)
128. 大陆架的宝藏属于谁？	(102)
129. 大陆架法律制度确立的标志是什么？	(103)
130. 法定的大陆架范围有多大？	(104)
131. 如何确定大陆架的外部界限？	(105)
132. 沿海国对大陆架的权力有多大？	(105)

133. 大陆架和专属经济区的范围有什么区别？ (106)
134. 外国在别的国家大陆架上可以做什么？ (107)
135. 怎么解决大陆架的划界纠纷？ (107)
136. 怎样确定大陆架划界的中间线？ (108)
137. 大陆架是否可以人为切断？ (108)
138. 怎样公平地划分北海大陆架？ (109)
139. 中间线就是"公平线"吗？ (110)
140. 国际法院解决的第一个大陆架划界案是哪一个？ (111)
141. 公海的概念是怎样产生的？ (111)
142. 公海是各国共有的海吗？ (112)
143. 什么是公海自由？ (112)
144. 公海真的是完全"自由"的吗？ (113)
145. 海盗船有没有航行自由？ (114)
146. 船舶有没有自己的国籍？ (115)
147. 什么是船舶的船旗国？ (116)
148. 船舶和船旗国是否有"真正的联系"？ (117)
149. 哪些船舶是方便旗船？ (118)
150. 方便旗船不方便是谁的过错？ (118)
151. 怎么保障航行安全？ (119)
152. 内陆国有没有公海自由？ (120)
153. 内陆国如何行使公海自由？ (121)
154. 什么是公海捕鱼自由？ (121)
155. 海洋渔业资源真的是取之不尽吗？ (122)
156. 为什么大型的工厂船令人担忧？ (122)
157. 如何限制公海捕鱼自由？ (123)
158. "科学研究"能不能成为捕鲸的理由？ (124)
159. 公海上空飞行是不是绝对自由？ (125)
160. 怎样保护海底的电缆和管道？ (125)

海洋权益

161. 《联合国海洋法公约》对建造人工岛屿是否有要求? ……………………………………………… (126)
162. 公海上发生的事由哪国管? ………………………… (127)
163. 国家的管辖权包括哪几种? ………………………… (127)
164. 外国人在国外侵犯本国利益怎么管? ……………… (128)
165. 普遍性管辖是指什么都能管吗? …………………… (129)
166. 船旗国怎样管理自己的船舶? ……………………… (130)
167. 船旗国管辖原则是怎么产生的? …………………… (131)
168. 船舶是国家的"浮动领土"吗? …………………… (132)
169. 怎么处理船舶碰撞事件? …………………………… (132)
170. 谁有权来管辖"荷花"号案? ……………………… (133)
171. 什么是海盗行为? …………………………………… (133)
172. 为什么要对公海上的非法广播进行管理? ………… (134)
173. 什么是登临权? ……………………………………… (135)

174. 哪些情况下可以行使登临权? ……………………… (136)
175. 什么是紧追权? ……………………………………… (136)
176. 如何行使紧追权? …………………………………… (137)
177. 紧追权可以在专属经济区行使吗? ………………… (137)
178. 为什么行使紧追权要"紧追不舍"? ……………… (138)
179. 美国为什么要赔偿"孤独"号船舶的损失? ……… (138)
180. 什么是国际海底? …………………………………… (139)
181. 人们为什么会重视国际海底? ……………………… (139)
182. 国际海底制度是怎样建立的? ……………………… (140)
183. 国际海底是无主物吗? ……………………………… (141)
184. 国际海底是共有物吗? ……………………………… (142)
185. 国际海底怎样变成了"人类共同继承财产"? …… (142)
186. 谁有权开发国际海底矿物资源? …………………… (143)
187. 单一开发制的难题是什么? ………………………… (143)
188. 为什么美国会放弃国际注册制? …………………… (144)

7

189. 海底开发执照制为什么被否定了? ……………… (145)
190. 国际公认的国际海底开发制度是什么? ………… (145)
191. 国际海底管理局怎样管理海底的开发活动? … (146)

三、激烈的海洋争斗

192. 为什么会有海洋争端? ……………………… (148)
193. 什么是海权论? ……………………………… (148)
194. 应该用什么方法解决海洋争端? ……………… (149)
195. 为什么会有国际法院? ………………………… (150)
196. 国际海洋法法庭审理的是哪些案件? ………… (151)
197. 为什么会发生马尔维纳斯群岛争端? ………… (152)
198. 马尔维纳斯群岛战争是如何结束的? ………… (153)
199. 谁来承担攻击渔船的责任? …………………… (154)
200. 对强行割让的领土能有主权吗? ……………… (154)
201. 什么是炮舰政策? …………………………… (155)
202. 你知道直布罗陀争端的来龙去脉吗? ………… (155)
203. 北方四岛争端是怎么回事? …………………… (156)
204. 海战也有规则吗? …………………………… (156)
205. 你知道战争也有法可依吗? …………………… (157)
206. 为什么说马尔维纳斯群岛战争是不宣而战的战争? ……………………………………………… (158)
207. 战争法有哪些内容? ………………………… (159)
208. 军舰还有特定的条件吗? ……………………… (160)
209. 军舰有哪些特殊的权利? ……………………… (160)
210. 什么是军舰的拿捕权? ………………………… (161)
211. 军舰是怎样进行拿捕的? ……………………… (161)

212. 什么情况下军舰可以行使自卫权？……（162）
213. 军舰如何行使紧急避难权？……（162）
214. 海军能狂轰滥炸吗？……（163）
215. "露西坦尼亚"号的悲剧谁来负责？……（163）
216. 应不应限制潜艇的攻击？……（164）
217. 海战中能不能武装商船？……（165）
218. 商船可以攻击军舰吗？……（165）
219. "背信弃义"的攻击能允许吗？……（166）
220. 如何限制水雷和鱼雷的使用？……（166）
221. 谁应当对水雷的危害负责？……（167）
222. "阿拉巴马"号是中立的吗？……（168）
223. 中立国怎样保持中立？……（169）
224. 怎样保护中立国的利益？……（169）

四、独特的海运规则

225. "海商"是怎样出现的？……（172）
226. 你知道古老的《罗得法》吗？……（173）
227. 欧洲中世纪有哪三大海商法规？……（173）
228. 海商法管的就是海商活动吗？……（174）
229. 航海是冒险活动吗？……（175）
230. 为什么海商法的规定十分特别？……（176）
231. 各国的海商法会统一吗？……（176）
232. 什么是国际海事组织？……（177）
233. 你知道什么是班轮运输吗？……（178）
234. 海路运输与陆路运输有什么不同？……（178）
235. 提单有什么重要作用？……（179）

236. 运送货物要不要写"收条"? …………………… (180)
237. 怎样明确承运人的责任? …………………… (180)
238. 交货还可以有"象征性"的吗? ……………… (181)
239. 为什么会有冒名顶替的提货人? …………… (182)
240. "不清洁的提单"就是不干净的吗? ………… (183)
241. 货物损失了可以不赔吗? …………………… (183)
242. 海上运输怎样体现合同自由? ……………… (184)
243. 为什么会有"哈特法"? ……………………… (185)
244. 什么是《海牙规则》? ………………………… (186)
245. 为什么要有"适航"的要求? ………………… (186)
246. 船舶每时每刻都要适航吗? ………………… (187)
247. 航行中可以绕航吗? ………………………… (188)
248. 为什么驾驶和管理船舶的过失可以免责? … (189)
249. 怎样分清是管船还是管货? ………………… (190)
250. 水浸水泥的损失谁来负责? ………………… (191)
251. 火灾一定能成为免责的事由吗? …………… (191)
252. 谁来对天灾海难负责? ……………………… (192)
253. "运河之争"能不能成为免责的理由? ……… (192)
254. 什么是公敌行为? …………………………… (193)
255. 熏蒸损坏香蕉该由谁来承担损失? ………… (194)
256. 粮食生虫是不是"固有缺陷"? ……………… (194)
257. 咸鱼变坏是谁的责任? ……………………… (195)
258. 丢失的珠宝谁来赔? ………………………… (195)
259. 谁承担航运中货损的责任? ………………… (196)
260. 为什么会有"赔偿责任限制"? ……………… (197)
261. 为什么会有《维斯比规则》? ………………… (197)
262. 什么是《喜马拉雅条款》? …………………… (198)
263. 什么是《汉堡规则》? ………………………… (199)
264. 旅客运输合同与货物运输合同有什么不同? … (200)

海洋权益

五、严格的船舶管理

265. 什么是船舶? ……………………………………（202）
266. 为什么要给船舶一个家? …………………………（202）
267. 船舶是"动产"还是"不动产"? ……………………（203）
268. 为什么要给船舶"上户口"? ………………………（204）
269. 实行船舶"开放登记"的有哪些国家? ……………（204）
270. 为什么要进行船舶抵押? …………………………（205）
271. 谁负责对海上安全进行监督管理? ………………（205）
272. 海事局负责管理哪些事务? ………………………（206）
273. 什么是海岸警卫队? ………………………………（207）
274. 为什么要设定禁航区? ……………………………（207）
275. 港外锚地是内水还是领海? ………………………（208）
276. 为什么要打捞航道里的沉没物? …………………（208）
277. 如何对付影响航行的沉船? ………………………（209）
278. 谁来承担打捞沉船的费用? ………………………（209）
279. 为什么要给船舶进行"体检"? ……………………（210）
280. 为什么要对船舶进行法定检验? …………………（211）
281. 为什么会有船级检验? ……………………………（211）
282. 世界上有名的船舶检验机构有哪些? ……………（212）
283. 船舶进出港也要签证吗? …………………………（212）
284. 外轮和国轮是否内外有别? ………………………（213）
285. 沿海运输权是一种什么权利? ……………………（213）
286. 一国的船舶能不能悬挂别国的国旗? ……………（214）
287. 外轮如何才能进入我国的水域? …………………（214）
288. 外国船舶在我国港口应当遵守哪些规定? ………（215）

11

289. 你知道什么是"联检"吗? ……………………… (216)
290. 谁来检查船舶的安全状况? …………………… (216)
291. 为什么要打击偷渡活动? ……………………… (217)
292. 你知道多佛惨案吗? …………………………… (217)
293. 为什么要进行国境卫生检疫? ………………… (218)
294. 怎样防止疯牛病和口蹄疫传入我国? ………… (218)
295. 海关仅是指"海上的关口"吗? ……………… (219)
296. 海关制度是怎么产生的? ……………………… (220)
297. 关税的重要作用是什么? ……………………… (220)
298. 你知道什么是船舶吨税吗? …………………… (221)
299. 什么是走私? …………………………………… (222)
300. 在内海和领海能不能贩卖禁止进出口的物品? … (222)
301. 什么是缉私警察? ……………………………… (223)
302. 谁来指挥管理船舶? …………………………… (223)
303. 船员为什么要持证上岗? ……………………… (224)
304. 弃船时谁最后离船? …………………………… (225)
305. 船舶为什么要引航? …………………………… (225)
306. 为什么会有强制引航? ………………………… (226)
307. 船长和引航员谁说了算? ……………………… (226)
308. 引航员犯了错怎么办? ………………………… (227)
309. 船长能兼任警察吗? …………………………… (228)
310. 谁来在船舶上做公证? ………………………… (228)
311. 船长能代表船东吗? …………………………… (229)
312. 谁有权签订救助合同? ………………………… (229)
313. 为什么要明确船长的代表权? ………………… (230)

六、复杂的海事纠纷

314. "泰坦尼克"号撞上冰山是船舶碰撞的吗? …… (232)

海洋权益

- 315. 没有接触也能叫船舶碰撞吗？ (233)
- 316. 如何划分船舶碰撞责任？ (233)
- 317. 你知道还有专门的海难救助制度吗？ (234)
- 318. 海难救助制度是怎样建立起来的？ (234)
- 319. 海上见义勇为应不应得到报酬？ (235)
- 320. 在船厂里灭火属不属于海难救助？ (235)
- 321. 为什么说海难救助行为必须是自愿的？ (236)
- 322. 什么是纯救助和合同救助？ (237)
- 323. 什么是"无效果，无报酬"原则？ (238)
- 324. 渔民捡到橡皮筏能不能向失主要报酬？ (238)
- 325. 在海上救人能不能要报酬？ (239)
- 326. 救助无效果能获得补偿吗？ (240)
- 327. 救助人要不要承担船舶爆炸的责任？ (241)
- 328. 抛货自救由谁承担损失？ (241)
- 329. 共同海损是怎么发生的？ (242)
- 330. 共同危险是指已经发生的危险吗？ (242)
- 331. 船舶搁浅是不是真实的危险？ (243)
- 332. 为什么会有海事赔偿责任限制？ (244)
- 333. 丢失的黄金怎么赔偿？ (244)
- 334. 最早采用"金额制度"的是哪个国家？ (245)
- 335. 为什么保险人和受雇人也可以限制海事赔偿责任？ (246)
- 336. 海事赔偿中要不要保护救助人的利益？ (246)
- 337. 什么是"第一次黑潮"？ (246)
- 338. 英国的炸船行为是否违反了公海自由原则？ (247)
- 339. 如何赔偿油污事件的受害人？ (248)
- 340. 为什么会出现国际油污损害赔偿基金？ (248)
- 341. 为什么说海上保险是一切保险的鼻祖？ (249)
- 342. 为什么会有保险？ (249)

13

343. 保险与冒险借贷是什么关系? ………………………… (250)
344. 最早的保险单是在哪里出现的? ……………………… (251)
345. 最早的海上保险法是哪一个? ………………………… (251)
346. 为什么劳埃德咖啡馆名扬四海? ……………………… (252)
347. 世界海上保险业的中心在哪里? ……………………… (252)
348. 我国第一家保险公司是哪一个? ……………………… (253)
349. 第一家中国人的保险企业是哪一个? ………………… (254)
350. 什么是海上保险合同? ………………………………… (254)
351. 为什么会有推定全损? ………………………………… (254)
352. 什么是委付? …………………………………………… (255)
353. 船舶失踪是推定全损还是实际全损? ………………… (256)
354. 要求赔偿的权利是否可以转移? ……………………… (256)
355. 船东互保协会是怎么回事? …………………………… (257)
356. 海事争议能够避免吗? ………………………………… (258)
357. 怎样处理海事争议? …………………………………… (258)
358. 我国有哪几个海事法院? ……………………………… (259)
359. 海事仲裁有什么优点? ………………………………… (260)
360. 船舶也能成为被告吗? ………………………………… (261)
361. 处理海事纠纷为什么可以进行诉前保全? …………… (261)
362. 什么是玛瑞瓦禁令? …………………………………… (262)

七、神圣的海洋权益

363. 我国古代也有海洋法吗? ……………………………… (264)
364. 我国海商法是"舶来货"吗? ………………………… (265)
365. 什么是"海上丝绸之路"? …………………………… (266)
366. 什么是"市舶使"? …………………………………… (266)

海洋权益

367. "海禁"能禁住洋枪洋炮吗？ （267）
368. 什么是"五口通商"？ （268）
369. 什么是"亚罗"号事件？ （269）
370. 我国的国际海洋法是怎么来的？ （269）
371. 我国有哪些海洋方面的立法？ （270）
372. 渤海是我国的内海还是领海？ （271）
373. 为什么说琼州海峡是我国内海？ （272）
374. 我国大陆架范围有多大？ （273）
375. 东海大陆架是哪国大陆的自然延伸？ （273）
376. 为什么要建立休渔制度？ （274）
377. 谁应当对南海撞机事件负责？ （275）
378. 撞机肇事的美国飞机是正常飞越吗？ （276）
379. 我国是否有权对非法入境飞机进行检查？ （276）
380. 我国是如何对付海盗行为的？ （277)
381. 什么是"银河"号事件？ （278）
382. 钓鱼岛的归属是有争议的吗？ （279）
383. 钓鱼岛由哪些部分组成？ （280）
384. 为什么说钓鱼岛自古就是中国的领土？ （280）
385. 日本是如何染指钓鱼岛的？ （281）
386. 南海诸岛包括哪些岛屿？ （282）
387. 为什么说中国是南海诸岛的主权国？ （282）
388. 南海诸岛的范围线是怎么得来的？ （283）
389. 外国对南海诸岛进行了哪些侵略活动？ （283）
390. 强行侵占能产生主权吗？ （284）
391. "邻近"能够产生主权吗？ （284）
392. 什么是"搁置争议，共同开发"？ （285）
393. 什么是香港问题？ （285）
394. 英国是如何占领香港岛的？ （286）
395. 英国是怎样占据九龙的？ （287）

15

396. "新界"是怎么产生的？ …………………………（287）
397. 香港是如何回归祖国的？ ………………………（288）
398. 中英联合声明有哪些内容？ ……………………（289）
399. 香港问题的解决有什么重要影响？ ……………（290）
400. 葡萄牙是怎样占领澳门的？ ……………………（291）
401. 澳门是殖民地吗？ ………………………………（292）
402. 澳门是如何回归祖国的？ ………………………（292）
编后记 ……………………………………………………（294）
《海洋小百科全书》分类目录 ……………………………（295）

海洋权益

蓝色的海洋国土

1. 为什么会有关于海洋的法律？

大家都知道，即使是儿童玩游戏也需要一定的游戏规则，这个规则对于游戏来说，就是每一个参与者必须遵守的"法律"，没有它，游戏活动就无法进行。同样，人类对于海洋活动的规则也是这样。

海洋，对人类来说非常重要。从古至今，海洋一直是人类从事捕鱼、航运、航空、科学考察以及军事等活动的重要场所，许多国家因此特别重视对海洋的控制和利用。可是在古代，由于科技不发达，人类难以控制和利用好海洋，海洋看起来是那么的神秘和难以驾驭。人类的海洋活动有限，有关海洋的法律也就比较少。但是，随着科技的进步和社会的发展，人类利用海洋的领域越来越大，涉及的问题也越来越多，大家希望能有相应的规则来协调和解决国与国、人与人之间由于海洋所发生的关系、矛盾和冲突，以便更好地开发海洋、利用海洋，使海洋造福于人类。而要做到这一切的前提条件就是必须有一定的关于海洋活动的"游戏规则"，也就是法律。于是，在人们的努力下，有关海洋的法律日益增多，最终形成了一个独立的法律体系，这就是海洋法。

2. 什么是海洋法？

人们在日常生活中离不开法律，法律是规定人们做什么、不做什么以及怎么做的一种行为规范。人类的活动范围很广，需要很多规则来保证其顺利进行。于是，在不同的社会关系中就有了不同的法律规则。也就是说，人们的行为以及人和人之间的社会关系要受法律的调整,不同的法律调整不同的社会关系。

与国内的法律不同,海洋法调整的主要是国家之间的关系,内容是有关海洋的。海洋法是国际上形成的有关海洋的各种法规,它规定了各种海域的划分及其相应的法律地位,涉及各国在不同海域中航行、开发资源、科学研究以及对海洋进行保护等各方面的规则和制度。根据这一点可以看出,我们这里所说的海洋法仅仅是国家之间的一种法律。相对来说,与海洋有关的其他方面的内容,比如航海运输、港口管理等,要么主要与私人或企业之间的商业活动有关,不涉及国家政府之间的关系,要么多属于一国国内的事务,不用拿到国际上来制订规则,这和国家之间的海洋法规则不同,但也与海洋有关。

3. 海洋法管哪些事情?

提到法律,人们常听说的是宪法、刑法、民法等等,这些法律要么规定国家的根本制度,要么规定如何对付和惩罚犯罪,再不就是解决人们之间的各种纠纷,都有一些特定的内容,管理特定的事情。那么,海洋法管理哪些事情呢?

应该说,海洋法管理的事情是很多的,范围也很广。这是因为人们在海洋上的活动很多,涉及的法律关系也很多,既有国家与国家之间的关系,也有一个国家内部如何管理和利用海洋的问题,另外,还有各国企业和私人之间与海洋运输等活动有关的商业交往关系。因此,海洋法律法规包括许多方面的内容。不过,在国际上,对每个国家来说,最重要的事情就是要明确自己对多大范围的海域有主权或管辖权,因为只有明确了各部分海域的地位,知道了哪些海域是自己的,才能放心地、顺利地开发和利用。这是海洋法要解决的一个重要问题。历史上,很多国家之间曾经出现过海洋争端。为了明确各国权利的范围,就需要把海洋划分为若干海域,并规定相应的法律地位和制度,解决国与国之间海域划分和海洋权利的纠纷,这都是海洋法要明确的内容,也是海洋法中最重要的内容,我们所说的海洋法主要包含的也是这方面的内容。

4. 为什么称海洋是"蓝色国土"?

蓝色国土

有"国"必有"土",每个国家都有自己的领土,那么领土就仅仅是指土地或者陆地吗?严格地说,领土是指在国家主权支配下的地球的确定部分,它包括领陆、领水、领陆和领水以下的底土,也就是地下层,以及领陆和领水之上的领空。其中,对于沿海国而言,领水当中最主要的部分就是海洋,所以,一国所拥有的海洋也是该国的领土。有的人往往比较重视陆地领土,而忽略海洋领土,其实海洋领土与陆地领土一样重要,因为海洋领土也蕴藏着宝贵的财富,与现代的人类生活休戚相关。称海洋是"蓝色国土",既形象地说明了海洋这个蓝色宝库的重要性,也说明了国家的领土也包括海洋,海洋与陆地领土一样需要珍惜和保护。我国有辽阔的海洋国土,我们要努力学习和钻研与海洋有关的知识,为开发、利用和保护好"蓝色国土"作出贡献。

5. 海洋法是国家之间的规则吗?

人们常见到的法律是国内的法律,在国际上,要不要有法律呢?世界上有很多国家,这些国家之间难免有一些这样和那样的事情发生,产生这样和那样的问题和矛盾,要解决这些问题,就需要有法律规则,于是就产生了国际法。什么是国际法呢?简单地说,国际法是国家之间的法律,它主要协调和调整国家之间的关系。国际法的制定需要国与国之

开辟新航线,发现新大陆

间通过商议形成一致的意见。在古代,国与国之间的交往比较少,而且各个国家的君主一般都认为自己和自己的国家是至高无上的,不承认国与国之间的平等地位,国家之间常常发生战争。大家的意见不一,地位不平等,经常用战争来解决国家间的问题,所以,虽然也有一些国际

法的规则,但是不多,而且不成体系。人们现在经常听说到的国际法,只是近现代才发展健全的。

在以前,人类的活动主要在陆地上进行,海洋对人类来说是神秘莫测且令人望而却步的,所以这些国家之间发生的争端也多与陆地有关,比如边界纠纷就是典型的例子。国际法中涉及海洋活动的内容并不多。后来,特别是在欧洲国家开辟海洋的新航线以后,由于哥伦布发现了新大陆,麦哲伦进行了环球航行,这些活动使人们对海洋的认识加深了,人们利用和控制海洋的能力加强了,国际上也随之出现了一些海洋强国。如15、16世纪的西班牙和葡萄牙,17世纪的荷兰,18世纪以及以后的英国等国家,它们都是通过航海冒险以及海外殖民等活动,获取了大量的财富,成为当时强大而富有的国家。它们具有比其他国家更强的控制和利用海洋的能力,这对它们的强盛起到了很大的作用。在这样的情况下,世界各国越来越重视对海洋的争夺,有关海洋的争端和矛盾也时有发生,为了解决这个问题,在国际法中就出现了一个新的分支——海洋法,或者叫国际海洋法。所以说,海洋法所涉及的是国家之间关于海洋的关系,是国际法的组成部分。

6. 淮来掌握海洋法的天平?

人们常常把法律比喻成天平、公平秤,认为法律必须公平、正义,执行法律也必须公正。为了达到这个目的,一个国家的法律都是由国家的立法机关(比如我国的人民代表大会)制定,由警察、法院等来维护和执行,以保证法律的实施。由于有了警察、法院等这样的机构,法律的实施就有了强制力的保障,法律的天平就不会失衡。可是,海洋法是国际法的一部分,而国际上不像国内那样有一整套完整的司法机构。那么,谁来掌握海洋法的天平,保证海洋法的实施呢?

在国际上,没有像国内那种立法机关,因为国与国之间是平等的,所以,包括海洋法在内的国际法只能是由国家以平等协商的方式通过达成协议来制定。在国内,违反法律的人会受到法院等司法机构的处理,这些机构是国家设立的,所以,能够保证法律强制实施;而国际法的强制实施,主要依靠国家本身的行动,比如用抗议、要求赔偿损失、赔礼道歉等来制止和对付他国的侵权行为,用武装自卫来抗击侵略。这是因为没有一个高高在上的"世界政府",大家只能通过协商、通过斗争等方式相互约束从而解决问题。可见,国际法是与国内法不同的独特的法律。海洋法是国际法的一个组成部分,也有这样的特点。海洋法是"海洋的国际法",每一个国家都有责任保证海洋法的实施。

7. "海洋法"与"海法"是什么关系?

海洋法是国际法的组成部分,是海洋的国际法,或者叫国际海洋法,它主要涉及国家之间的关系。可是与海洋有关的法律不限于此,还有与船舶运输有关的海商法,与海上行政管理有关的海上行政法,与海上刑事犯罪有关的海上刑法,等等。于是有人为了把上述与海洋有关的法律统统囊括起来,提出了"海法"的概念。所谓海法,是指调整与海洋有关的各种社会关系的法律规范的总称。这样，前面所说的海洋法就成了海法的一个组成部分，可见海法的范围是非常广的。古时候就有海法的叫法，那时有关海洋的法律关系比较少，海法的内容自然也少，多是与航海运输有关。现在，人类的海洋活动很多，海法的内容也纷繁复杂，范围广泛，海法就不仅仅涉及海上运输了。

8. 海洋法是怎样萌生的？

实际上，世界上任何事物都有一个产生发展的过程，就像一棵树的种子，从发芽到长成参天大树需要一个很长的过程。海洋法是怎么产生的呢？海洋法的萌芽可以追溯到欧洲中世纪（大致相当于我国的封建社会中期），在那时，就有国家提出了对海洋的一些权利要求。比如英国国王就曾把自己称为"海洋之王"。当时，欧洲的一些强国也已经注意到海洋的重要

性，在南欧，意大利的城邦国家如威尼斯、热那亚等主张对意大利周围的海域拥有主权。在北欧，瑞典主张控制波罗的海，丹麦-挪威联合王国主张控制北海。而葡萄牙和西班牙甚至主张控制大西洋、太平洋、印度洋等大洋。这样，海洋法的观念就出现了。

不过,海洋法萌芽的时期和现在相比,生产力水平比较低,科技水平也不高,没有划分出公海、领海等这样的海域,当时也没有这样做的必要。到了后来,随着资本主义生产方式的出现,科学技术的进步,人类对海洋的利用和控制能力加强了,各国也纷纷提出对海洋的各种要求,经过各种斗争和妥协,制订了许多与海洋有关的国际公约,最终才形成了现有的海洋法。

9. 海洋是大家共有的吗?

每个人都可能有自己的财产。可是,有一些东西是谁也不能占有的,比如空气、阳光,就不能算是属于任何人的财产,有人认为这属于"共有物"。在古代欧洲的罗马,海洋和空气、阳光一样,被认为是大家的"共有之物",任何人都可以利用,反正谁也不能拿走、不能占有。

在罗马帝国时期,随着帝国势力的发展,帝国的陆地领土一度包围在地中海的周围,地中海成为罗马的"内陆湖",人们看到海洋居然也能被帝国的国土包围占据,于是,"海洋是大家共有之物"的观念也开始变化了,出现了一些新的主张,有人提出君主的权力应扩展到海洋。如果海洋上也有君主的权力,海洋就不纯粹是大家的共有之物了。

实际上,当时没有人能够真正控制海洋,谁也不能获得对海洋的所有权和控制权。既然谁都拿不走、占不住,那么大家都可以利用,这正是海洋被认为是人类"共有之物"的原因。一旦人们有一定的能力来控制海洋,可就不这样认为了。

10. 谁是中世纪海洋的主人？

在古代的时候，君主们总是希望自己的权力越大越好，自己领土越广越好。不过，"领土"这个概念在那时指的就是陆上的土地，海洋往往被忽略了。而到了中世纪，封建君主除了追求对土地的领有以外，也开始追求对海洋的领有了。

达伽马发现的通往东方的航线

在欧洲，各国纷纷对自己周围的海域提出了权力要求。在北欧，瑞典、丹麦-挪威联合王国以及英国等要求控制波罗的海、北海等海域；在南欧，意大利的城邦国家也提出对地中海海域拥有主权的主张。随着新航线的开辟，以及地理上的大发现，人们对海洋就有了更进一步的认识，葡萄牙和西班牙也因此成为当时的海洋强国，对海洋的占有欲也空前加强了。葡萄牙甚至主张拥有印度洋和南大西洋的全部主权，西班牙则主张拥有对大西洋和墨西哥湾的主权。各国都认为自己是各个不同海域的主人。不过在那时,由于没有系统的海洋法规则,这些主张都显得缺少法律依据。

11. 你知道海洋争斗的历史吗?

在历史上,特别是在欧洲,曾发生过许多激烈的海洋争斗。一些国家为了各自的海洋利益还曾经发生过战争。葡萄牙和西班牙之间的海洋争斗甚至波及全世界。

麦哲伦环球航行

在15、16世纪,由于新航线的开辟和新大陆的发现,各国占据海洋的活动发展到了高峰。葡萄牙和西班牙在开辟新航线的探险活动中扮演了重要的角色。当时,葡萄牙和西班牙在地理新发现的基础上,逐渐成为两个海上强国。两国之间对海洋的争夺也日趋激烈。在1493年,当时的罗马教皇亚历山大六世为了确认葡萄牙和西班牙的地理新发现,颁布了谕旨,把世界上的海洋分给这两个国家。两个国家按照条约,在大西洋上画了一条南北方向的线,线以西的海域归西班牙,线以东的海域归葡萄牙。后来麦哲伦环球航行,发现了太平洋,于是,这两个国家又将太平洋上的一条子午线定为两国在海洋实行控制权力的分界线,从而把世界上的海洋一分为二,两国各自在自己的相应区域内享有商业垄断权。

不过,海洋毕竟与陆地不一样,不像陆地那样容易控制,对地球上的海洋全部实施分割占领是非常困难的。各国对海洋的争斗不仅没有因此结束,反而日趋激烈了。

12."无敌舰队"是怎样覆灭的?

在16世纪的欧洲,为了争夺海洋霸权,曾经发生过许多战争。那时,西班牙是公认的海上强国。不过,英国也不甘示弱。从16世纪中期起,英国人经常在西班牙殖民地进行走私贸易,甚至抢劫西班牙运送黄金的船队,袭击西班牙殖民据点。为了维护自己的海洋大国地位,击败英国,西班牙国王腓力二世建立了一支远征英国的舰队,这支舰队被称为"无敌舰队"。

1588年,无敌舰队在英吉利海峡与英国的海军发生了战斗,由于英国海军采用了火攻战术,无敌舰队始料不及,遭遇大败,而且在返回西班牙的途中,无敌舰队又遭遇到了风暴。结果,在这次远征战役中,无敌舰队损失了32艘战舰和1万名士兵。无敌舰队也就这样覆灭了。从此,西班牙的海上霸权就被英国取代。

13. 习惯成自然也能形成海洋法规吗？

人们在日常生活中，习惯成自然是很正常的事情，可是你知道吗，在海洋法里也有习惯成自然的规则，也有因循习惯而形成的法律制度。

在中世纪，欧洲许多的沿海国为了抵御海盗而在沿海设防，并对沿海一带实行管辖权，各国都长期实施这种做法。结果经过一段时期，国家在沿岸一定范围的海域行使管辖权就成为了一种惯例。根据这样的惯例，沿海一带的海域便自然成为沿海国的所属部分，国家对这些海域就有管辖权了。久而久之，习惯成自然，便逐渐发展成为领海法律制度。可见，国际上的习惯做法如果被大家普遍接受，形成一种规则，就成为了"国际习惯"，或者称为"习惯国际法"。所以说，国际上的习惯做法也有可能成为法律，一些海洋法规则就是这样形成的。

但是，不是所有的惯例都能成为习惯法。成为习惯法应具备两个因素：一是国家在相当长的时期里有这样一个习惯做法；二是各国认为这种做法是应当遵守的，是有法律约束力的，也就是相信这是法律，必须以此作为行事依据。只有具备了这两个因素，一种国际惯例才会成为法律，成为国际习惯法。

14. 谁是"国际法之父"？

国际法在发展过程中，出现过许多法学家。其中，荷兰的法学家格老秀斯被认为是近代国际法的奠基人。早在1625年，格老秀斯的名著《战争与和平法》就出版了。这本书建立了相当完整的近代国际法体系。由于格老秀斯对国际法发展所作的巨大贡献,也使他享有了很高的威望。作为近代国际法的奠基人,格老秀斯被人们称为"国际法之父"。

格老秀斯的一些著作对国际法的发展起到了很大的作用。在这些著作中,有很多关于海洋法的论述,其中就包括著名的"海洋自由论"。格老秀斯的这些理论极大地促进了海洋法的发展。

格老秀斯像

15. "海洋自由论"在历史上起到了什么作用?

早在资本主义发展的初期,随着资本主义生产关系的发展,航海贸易开始兴起,国际市场也随之产生。在资本主义的条件下,哪里能获得利益和财富,经济活动就发展到哪里去,它是不会考虑国家的疆界限制的。荷兰是世界上第一个资本主义国家,为了新兴的资产阶级的利益,荷兰也开始和西班牙、英国等国争夺海上霸权。

17世纪初,荷兰的远洋航海事业迅速发展,荷兰人被称为"世界的马车夫"。当时,葡萄牙为了自己的利益,禁止荷兰与东印度群岛(也就是今天的印度尼西亚群岛)之间进行通航和贸易活动。为了反对葡萄牙的海洋垄断,适应当时资本主义发展的需要,被称为"国际法之父"的荷兰著名法学家格老秀斯,在1609年发表了《海洋自由论》。他认为一切财产权都是以占有为根据的,海水流动不定,不能被有效地占有,所以,海洋不能属于任何人私有,而应为各国所自由利用。

由于资本主义生产关系的发展就是要求市场开放和统一,所以,海洋自由论的提出也是顺应历史发展潮流的。随着海上贸易的日益扩大,任何国家要完全控制海洋,实际上是不可能的。海洋自由论的提出对以后公海自由制度确立产生了重要的影响。

16. 为什么会有人反对海洋自由论?

在近代,有的国家已经有了很强的海洋实力,对海洋有一定的控制能力,而且对某些国家来说,海洋的地位非常重要,为了维护自己的利益,主张国家应当有海洋领土。所以,格老秀斯的海洋自由论提出后,在当时遭到了一些国家和学者的反对。其中,为了维护英国这个传统海洋国家的利益,英国人塞尔顿在英王的支持下出版了《海洋封闭论》。他认为英国对其周围的海洋有处置和控制使用的权力,并反对海洋自由的观点。其他国家的一些人也提出了类似的反对海洋自由的观点。海洋封闭论的实质是主张对海洋的占有,控制海洋,所以,又被称为是海洋控制论。这个观点对日后领海制度的建立有一定的影响,

塞尔顿像

而海洋自由论则对公海自由制度的建立有一定的影响。

应当说,为了国家的安全,国家应对毗邻的一带海域拥有主权。海洋控制论也多少体现了这样的观点,这对领海观念的产生起到了一定的作用。

17. 公海和领海制度是怎样建立的?

人们现在知道,海洋可以划分为公海和领海,而公海制度和领海制度就是海洋法中很重要的一部分内容。这些制度的产生和发展经过了一个很长的过程。

为了顺应资本主义发展和出于保护沿海国安全的需要,1702年,荷兰的法学家宾刻舒克提出了自己的理论,他主张将海洋分为领海和公海,领海属于沿岸国的主权管辖,公海则不属于任何国家。这个观点既承认沿海国对沿海海域的主权,又主张公海自由。在18世纪,许多学者都采用了这一种观点。那时候,随着公海自由的形成,领海制度也提出和建立起来了,有的国家还以国内法的形式作了明确规定。应当说,资本主义自由贸易的发展客观上需要打破对海洋封建式的占有,同时又要维护国家的沿海安全和国防利益,公海制度和领海制度的提出,正是反映了这个要求和特点。曾经反对过海洋自由论的英国,随着资本主义的发展,也开始接受公海自由的观点。这样,到了19世纪,包括公海制度和领海制度的海洋法就已经逐渐形成了。

18. 用大炮划定领海的主张是如何产生的?

从表面上看,大炮和一个国家的领海没有什么关系,可是在历史上,大炮却曾经成为确定领海范围的一种工

海洋权益

具。荷兰法学家宾刻舒克认为沿海国应当有领海,而领海的范围应当是沿海国从陆地上能够控制的范围,太遥远的海域,沿海国控制不了,就不能成为领海了。由于当时陆地上最有力的、控制范围最大的武器就是大炮,所以,他认为陆上国家对海洋的权力以大炮射程的距离为限,因此,他主张领海的宽度就是大炮的射程,这就是非常有名的"大炮射程理论"。

在1782年,意大利人加里亚尼考虑到当时大炮射程的平均距离约为3海里(1海里=1852米),他就极力主张领海的宽度就应当是3海里。由此发展成为领海宽度的"三海里规则"。当时,这一理论的提出确实受到了许多国家的欢迎,因为,这么宽的海域足以保护陆地领土的安全,在3海里这个炮火范围之外的区域攻击陆地领土是难以奏效的。但是,随着武器装备和科学技术的发展,陆上国家控制海洋的范围又大大扩大了,大炮射程理论也逐步落后于时代了,但"三海里规则"却

宾刻舒克像

成为确定领海宽度的一种标准。英国和美国成为第一批采纳这一领海宽度的国家,后来不少国家的领海都实行了这一宽度。应该说,大炮射程理论确实对海洋法的发展起到了一定的作用。

19. 大炮射程理论也能成为法律规则吗？

法律规则是人人都必须遵守的，可是个人的理论学说却不一定必须遵守。大炮射程理论是为了确定领海的宽度而提出的一种个人理论学说，尽管在当时有些国家同意这种理论，可也有很多国家对此并不完全同意。实际上，各国对领海宽度的规定也很不一致。所以，大炮射程理论不是一个通行的法律规则，它仅仅是一种学说而已。

可是，法律学说到底重不重要呢？它对于法律的制定又有什么作用呢？应当说，虽然法律学说不是法律，但是法律学说一旦被大家接受，则可能作为制定法律的依据。最具权威性的法学家的学说，它的作用那就更为明显了。比如格老秀斯的海洋自由论、宾刻舒克的大炮射程理论，对公海自由制度和领海制度的建立提供了有力的论据。权威法学家的著作也讲了很多的法律原则、规则和制度，使大家相信确实有这样的一些原则、规则和制度的存在。联合国的主要的司法机关——国际法院，它的法官都是权威法学家，他们也往往通过有关的司法活动把他们的观点和理论体现在判决和其他文件当中。可见，像大炮射程理论这样的法律学说虽然不是法律本身，但却有很重要的作用。

20. 为什么要编纂海洋法规则？

在历史上，经过长期的发展，海洋法已经有了一些规则和制度，各国相互之间有一些比较类似的法律规定，国与国之间还有一些习惯规范和条约。但是这些规范和制度多是零散的、不统一的，为了使规则更明确，使用起来也更方便,就有必要把规则、制度编纂起来,以便各国相互参照或共同遵守。法律编纂就是把各种原则、规则和规章制度编成系统化的法典,使分散的原则和规则法典化,对法律进行整理,订出新法律,以促进法律的发展。规则写清楚了,大家都能看得到,也才能共同遵守。

对于海洋法来说,进行法律编纂尤其重要。因为虽然国与国之间是相互独立、各不相同的,但海洋却是唯一的。海洋把不同的国家连接起来,沟通各国的来往,让大家共同使用,这就要求各国关于海洋的规则应通过编纂的方式高度明确和统一,各国才能更好的相处。

21. 谁来编纂的海洋法?

法律只有写清楚了,大家才会知道应当怎么做,怎么做才不会违法。起初,海洋法的规定不是很明确的。为了统一、明确海洋法的规则,一些学者和学术团体对海洋法进行了编纂,曾经在19世纪末、20世纪初制定了一些规则。不过,个人和学术团体的这些活动属于非官方的编纂,这种活动虽然促进了海洋法的发展,但是设计、制定出来的规则并没有法律约束力,各个国家不一定遵守。要产生有法律约束力的、各国都愿意遵守的规则,就必须在国家之间召开国际会议,由各国共同制定、编写海洋法。这种活动属于官方的编纂。19世纪以来,一些重要的外交会议把某些海洋法的原则和规则订在条约、宣言或者其他外交文书中,开始了正式的官方编纂,取得了一些成果。这对以后制定系统的海洋法公约有很大的帮助。可见,作为国际社会成员的国家才是海洋法的制定者，海洋法也就是各国之间意见协调的结果。

22. 被普遍遵守的海洋法是怎样制定出来的？

大家已经知道，海洋法是国际法的一部分，对于一项规则来说，参与制定的国家越多，规则越能得到普遍遵守。通过外交会议进行海洋法的官方编纂，对于会议的参加国或有关条约的缔约国会产生法律约束力，但是这种方式会有一些缺点。这些缺点主要表现在什么地方呢？如外交会议往往只讨论某一方面的法律问题，在参加国有限的情况下，即使能够通过一些规则，规则的适用范围也有限。如1856年的巴黎和会及1899年和1907年的两次海牙和平会议，当时制订通过的一些文件大多数仅仅涉及一些海上战争法的规则。直到1920年1月10日，世界上第一个全球性的普遍性国际组织——国际联盟宣告成立，这才为制订更广泛的海洋法规则提供了条件。国际联盟对包括海洋法在内的国际法的编纂做了很大的努力。虽然没有取得显著成就，但是像在国际联盟这样的国际组织主持下进行海洋法的编纂，同一般的国际会议制定海洋法规则的活动相比，由于参加国多，讨论问题广泛，所以制定的规则更能被普遍遵守，作用也更大。

23. 第一次大规模海洋法会议是何时召开的？

1930年，在国际联盟主持下，各国政府在荷兰的海牙召开了一次与海洋法有关的国际法编纂会议。由于参加会议的国家对一些问题，特别是领海宽度问题的观点很不一致，结果会议除认同了领海的法律地位是国家领土的一部分之外，再也没有就领海的其他问题制定成公约。

海洋权益

这次海牙会议在海洋法编纂方面并没有什么大的成果,但各国代表都明确表明了各自政府的立场,公开了不同意见,而且通过了一个《领海法律地位草案》,为以后继续编纂海洋法打下了初步的基础。这次会议是国际法史上、也是海洋法史上由各国政府参加的第一次较大规模的法律编纂会议,在国际法的编纂史上有重要的历史意义。

24. 联合国对海洋法的发展起了什么作用?

对于联合国,大家都非常熟悉,它不是一个国家,而是一个由众多国家参加的、继国际联盟以后出现的另一个全球性的国际组织,它成立于1945年。由于联合国的成员国比较多,所以有条件制订更加全面的、影响面更大的海洋法公约。

1947年,联合国大会决定成立国际法委员会,以促进国际法的发展与编纂。为编纂海洋法,联合国连续召开了三次海洋法会议,并最终

联合国总部

诞生了《联合国海洋法公约》,使得海洋法初步统一起来。可以说,与以往的公约相比,由于缔约国众多,联合国海洋法公约因此能够得到普遍适用。而且,由于有广大第

三世界国家的参与制定,公约便能够基本上反映世界上绝大多数国家在开发、利用海洋方面的共同愿望和利益。可以说,联合国对于海洋法的发展起到了十分重要的作用。

25. 第一次联合国海洋法会议是何时举行的?

第一次联合国海洋法会议是于1958年2月24日在瑞士的日内瓦召开的。会议制定并通过了4个公约,即:《领海及毗连区公约》、《公海公约》、《捕鱼与养护公海生物资源公约》以及《大陆架公约》。由于当时不少亚非拉国家还没有获得独立,未能参加会议,所以这4个公约还没有能够反映广大发展中国家的合理要求,某些条款更有利于少数海洋大国。而且,对于最敏感的领海应有多宽这一海洋法中的关键问题仍未能解决。而这一问题不解决,其他区域的范围和法律地位也就不能确定了。所以,第一次联合国海洋法会议的作用和意义就显得不那么突出了。

26.《联合国海洋法公约》是怎样产生的?

要制定统一的海洋法,首先就要明确领海的宽度问题。由于在这个问题上存在着严重的分歧,所以这个问题在第一次联合国海洋法会议上并没有得到解决。为了解决领海宽度等问题,1960年召开了第二次联合国海洋法会议,但是这次会议也没有获得任何实质性的结果。

1973年12月3日,在美国的纽约召开了第三次联合国海洋法会议。那个时候,许多亚非拉国家经过民族独立斗争,已经摆脱了殖民统治。这样,包括中国在内的广

海洋权益

大发展中国家参加了这次会议,广大发展中国家团结斗争,排除了超级大国的阻挠,争取到了自己的利益。经过9年的艰苦谈判,终于制定了联合国海洋法公约。这是一个全面规定海洋制度的公约,是海洋法发展历史上重要的里程碑。虽然公约还有某些不足之处,但对于第三世界国家而言,应该说是一个胜利。

联合国海洋法公约

27. 我国是哪一年批准《联合国海洋法公约》的?

《联合国海洋法公约》被称为"海洋宪章"。《联合国海洋法公约》(以下简称《公约》)规定,自第60个批准书或加入书交存之日起12个月后生效。但是,由于《公约》第11部分有关深海海底采矿的规定,使美、英、德等一些重要的发达国家未能得到预期的利益,引起了强烈不满而拒绝签约。俄、日、法等国虽然在《公约》上签了字,但也迟迟未在国内正式批准《公约》,这种情况对《公约》的生效和执行产生很大的负面影响。经过努力,1993年11月16日,乌拉圭交存了《公约》的第60份批准书,使《公约》于12个月后,即1994年11月16日国家和实体批准了《执行协定》,使其成为当今世界最具有普遍性和影响力的国际多边协定。我国于1996年5月15日批准《公约》,是世界上第93个批准《公约》的国家。

作为人类历史上第一部全面的、最具有普遍性的海洋公典,《公约》为各个国家特别是沿海国维护其海洋权益提供了有力的法律依据。无论从国际政治还是从国际法的视角看,《公约》的意义都是重大的,其影响也是深远的。《公约》的生效推动了海洋法的大发展,标志着世界海洋新秩序的建立。

28.《联合国海洋法公约》有哪些主要内容?

要协调好各国在海洋上的活动,最首要的工作就是要把海洋划分为若干不同的海域,并明确各个海域的法律地位。为此,《联合国海洋法公约》以下简称《公约》做了详细的规定。《公约》有很多内容,总共分1个序言,17部分,计320条,还有9个附件。主要规定了领海和毗连区,用于国际航行的海峡、群岛国、专属经济区、大陆架、公海等一系列重要的原则、规则和制度,并就海洋的开发、利用和保护作了规定。《公约》涉及的海洋制度比较全面,得到了许多国家的赞同。《公约》的诞生成为建立新的海洋法律秩序的重要一步。但有一些人也认为,《公约》有不少条款并不完善,甚至还有缺陷,仍旧需要继续不断地努力改进。

《公约》将占世界海洋面积35.8%的海域划归沿海国管辖,为人类开发和利用海洋提供了基本的法律制度,对世界海洋管理实践的影响和国际海洋新秩序的确立具有划时代的意义。国际社会普遍认为,这部世界海洋法的通过和生效是联合国成立以来最重要的成就,标志世界进入了全面开发利用海洋和依法管理海洋的新世纪。

29. 你知道什么是领海吗?

顾名思义,领海是国家领有的海。具体地说,领海是

沿着国家的海岸和内水,受国家主权支配和管辖下的一定宽度的海域。所以,不邻接海洋的内陆国当然就没有领海了。沿海国对领海是按照国际上通行的规则行使主权的,领海有多宽,沿海国行使主权的范围就有多大。领海海域及其上空、海床和底土都处于沿海国的主权管辖之下。和国家的陆地领土一样,领海属于国家领土的一部分,其他国家不得侵犯。当然,沿海国对领海行使主权也要受到有关国际公约和国际法规则的限制,以方便其他国家对海洋的正常利用。

30. 为什么捕鱼也会违法?

大自然赋予人类许多财富,人类只要辛勤地耕种渔猎,就能过上好日子。不过,在现代社会里,干什么事都要遵守法律,涉及国家与国家之间的事情,要遵守国际法的规定。根据海洋法的规定,沿海国对领海有主权,其中包括对领海内各种资源的开发、管理以及使用等各个方面。没有经过沿海国的同意,任何外国都不得在其领海内进行捕鱼、勘探和开采等活动。

沿海国按照海洋法对领海实施管理,这样的法律效力到底有多大呢?历史上曾经发生过这样的事情。1930年5月22日,英国渔船"爱特鲁利亚"号进入苏联摩尔曼斯克附近的领海,在离海岸仅仅1.5海里的水域进行捕鱼活动,被苏联发现并拘留。后来,不仅非法捕捞的鱼类被全部没收,就连船长也被处以罚金。直到英国方面交付了罚金之后,渔船才被释放。可见,领海和陆地领土一样受到国家的保护,不得侵犯。不尊重别国的领海主权的行为是违反国际法的,违反者将为自己行为付出相应的代价。

31. 领水和领海是一回事吗?

领海曾经有不同的叫法,如沿岸水、海水带等。而《联合国海洋法公约》将这个水域称为领海。不过,有的国家习惯上称之为领水。其实,严格地说,领水这个概念所指的水域比较广,它指一国主权管辖下的一切水域,包括一国的内水,也包括一国的领海,内水和领海是不同的。不同水域有不同的管理制度,一般来说,国家对内水的管理比对领海的管理往往更严格。因此,将领海称为领水并不准确,没有表明这个水域的特征。只是在海洋法这个范围内,由于讨论的问题多与海洋和领海有关,所以,一提到领水时,它的主要部分就是领海,甚至在特定场合下所说的领水就是指领海。

32. 历史上是怎样争论领海宽度问题的?

领海到底有多宽?这一直是各国争论不休的问题。荷兰的法学家格老秀斯认为沿海国能够拥有的海洋部分应是沿海国能够在岸上控制的部分。所以,可以从岸上控制的海面部分应属沿岸国所有。荷兰的另一位法学家宾刻舒克继而提出大炮射程理论,后来就形成了"三海里领海宽度"的理论。大炮射程理论曾得到一定程度上的赞同,但"三海里领海宽度"的标准并不是一项被普遍承认的国际法规则。在统一的领海宽度标准还没有确立的时候,除了某些海洋大国认同的三海里的主张外,北欧国家还主张四海里领海宽度,土耳其等地中海国家主张六海里领海宽度等,各国的意见并不统一,法律规定各不相同。因此,对于领海宽度问题,最好的解决办法就是召开由众多国家参加的国际会议,大家平等协商,进行讨论,形成一致的意见,这样就不会有争论了。

33. 为什么会有领海宽度的斗争?

领海宽度问题对沿海国来说非常重要。领海有多宽,国家控制海洋的范围就会有多大。在历史上,荷兰曾建议把三海里领海宽度改为六海里领海,结果英国表示反对。据说,荷兰官员曾对英国的外相说,英国的海岸线很长,渔场辽阔,你们应该比别的国家更加同意扩大领海。而英国的外相则回答说:"不过这样一来,我们就不能到你们的近海捕鱼了。要知道,无论我们的领海有多宽,我们还是要到你们那里去捕鱼。"这到底说明了什么呢?

原来,从表面上看,沿海国为了最大限度得到管辖的海域,一定会主张很宽的领海宽度,其实,西方的一些海洋大国却不愿这样做。这是因为,以前大家通常认为领海以外就是公海了,而公海是可以自由利用的,任何国家都可以在公海上进行航行、捕鱼等活动。可是,要真正享有公海自由又必须有很强的控制海洋的实力,弱小的发展中国家没有这种实力,就很难根据公海自由的制度获得海洋利益。而真正有实力利用公海自由获得利益的是那些西方的海洋大国。在近代,由于西方大国有强大的海上力量,便主张较窄的领海宽度,像三海里领海宽度这样的规则便于它们接近别的国家的海岸,可以获取他国近海资源,所以它们就竭力主张三海里领海宽度的规则。当然,另外一些国家,特别是发展中国家则表示反对。这便引起了领海宽度的争论。

34. 船舶的航程可以确定领海的宽度吗?

人们通常用标尺作为测量工具,可是如果地方太大、太广阔,就需要用另一些特殊的测量方法了。早先,朝廷的王公贵族们为划分地盘往往用跑马圈地的方法。同样,在海上,除了确定领海宽度的大炮射程理论,也有人提出可以用船舶的航程作为确定领海宽度的标准。在历史上,曾出现过许多用来确定领海宽度的主张,其中有一种学说就叫作航程说,它规定将船舶航行一定时间的距

航船

离作为领海的宽度。比如,领海的宽度是船舶在顺风时航行一昼夜的距离,或者是船舶在正常时候航行两昼夜的距离,等等。在当时的航海技术条件下,采用航程的

距离确定的领海宽度一般不超过100海里。同大炮射程理论相比,航程说并没有得到普遍的赞同。

35. 什么是领海宽度的"视野说"?

许多人都有早上看日出的经历,为了看到日出,我们必须起得很早,而且必须在一个晴朗的天气里,如果有雾的话,等看到太阳的时候,太阳可能已经升得很高了。在山上和海边看日出往往最让人难忘,因为在这样的情况下,视野比较开阔,景色也很美。那么,在晴朗的天气里,站在海岸边向大海望去,最远能看到什么地方?当然是海与天交界的地平线。有人曾经测试过,这个视野宽度大约是14海里。而十分有趣的是,在近代,西班牙和丹麦等国家曾采用这种方法来确定本国海域的管辖范围。它们认为,国家管辖的海域应达到"视力所及的地平线",未经同意,任何外国船舶都不能进入从本国土地上看见的界限以内的海域。后来,这种以视力所能看到的地平线作为领海宽度外部界限的主张被称作"视野说"。不过,这种确定领海的观点并不为很多国家所承认,只是在历史上曾经出现过而已。

36. 领海的宽度是多少?

在《联合国海洋法公约》制定以前,对于领海应当有多宽的问题,曾有许多不同的学说观点,如大炮射程说、航程说、视野说等等。由于观点不一,只好由各国开会来统一意见。但是,由于分歧太大,在联合国第一次和第二次海洋法会议上并没有解决这个问题。在筹备联合国第三次海洋法会议期间,各国自行宣布的法令或提出的方案所主张的领海宽度各不相同,有的虽未明确提出领海宽度,但提出了如何确定领海宽度的原则办法。有的主张领海宽度为12海里(相当于22.224千米);有的国家,主要是拉美国家,则主张200海里。在联合国第三次海洋法会议上,经过反复谈判和协商,终于达成了一致。这就是,每一个国家有权确定自己的领海宽度,直至从规定的基线算起不超过12海里的界限为止。也就是说,各国确定的领海宽度只要不超过12海里,那都是允许的。

37. 领海宽度只能是 12 海里吗?

《联合国海洋法公约》规定领海的宽度不应超过12海里,很多《联合国海洋法公约》的缔约国也都规定本国的领海宽度为12海里,于是有人认为领海的宽度就应当是12海里。其实,公约只是规定各国的领海宽度不应超过12海里,如果少于12海里也是可以的。只不过既然12海里是可以允许采用的最宽的领海宽度,当然所有国家都愿意采用这个宽度了。我国的《领海及毗连区法》也规定,我国的领海宽度从领海基线量起为12海里。那么,有没有可能出现少于12海里宽度的领海呢?当然会有,如果两个国家间的海域窄于24海里,问题不就出现了吗?在这种情况下,为了公平起见,双方可以通过协议

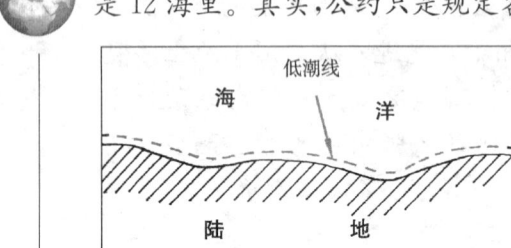

低潮线

或其他的规则划定领海,这时领海的宽度就可能少于12海里。这是由地理的局限所决定的。

38. 领海的宽度是从哪里开始起算的?

要进行测量,就应当有一个起点。测量领海宽度也应当有一个起算的基线,人们把测量领海宽度的起算线称为领海基线。领海基线应当是哪一条线呢?或者说,测量领海的宽度应从哪条线开始量起呢?当然是应从海岸线量起,但具体应是哪个位置呢?有人主张以沿岸海水涨潮时的高潮线为准,而有人则主张以退潮时的低潮线为准。

对于这个问题,《联合国海洋法公约》明确规定,可以低潮线作为测量领海宽度的基线,这被称为是"正常基线"。显然,在测量领海宽度的时候,用低潮线与用高潮线相比,国家实际控制的海域面积会更大。以正常基线测量领海宽度的方法多适用于海洋和陆地界限清楚,海岸线比较平直的沿海国,这样比较容易确定正常基线的位置和走向。现在,许多国家已经采用了这种方法。

39. 我国是用什么方法划定领海的?

测量领海宽度可以以正常基线,也就是低潮线为起算线,但是,由于某些国家的海岸线曲折,或者海岸周围岛屿众多,所以,这些国家采用正常基线法测量领海宽度就

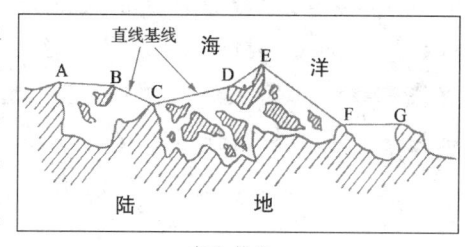

直线基线

很困难。因此，这样的国家便会转而采用直线基线的方法。所谓直线基线就是指在海岸边上和周围的岛屿外缘上选一些确定的点，然后把这些点用直线连接起来，形成的一条沿着海岸线的折线。以这条折线为领海基线来测量领海宽度的方法就被称为直线基线法。领海便是直线基线以外的水域，而直线基线以内的水域就成了内水了。由于我国的海岸线比较曲折，且沿海一带岛屿众多，因此便采用直线基线法划定领海。

40. 为什么英国和挪威之间会有渔业纠纷？

在北大西洋地区，丹麦、挪威和英国都是捕鱼业比较发达的国家。北大西洋的渔业资源很丰富，为了本国的利益，在17世纪初，丹麦和挪威国王就反对英国渔民在挪威沿海一带捕鱼。后来，挪威还用直线基线法划定渔区（那时候，国际通行的领海制度和专属经济区制度还没有建立起来），禁止英国渔船进入。英、挪两国还因此发生了争端，并于1949年将争端提交到国际法院解决。英国认为，挪威用直线基线法划定渔区的做法是不对的，这样等于缩小了英国渔船捕鱼的海域范围。但是，国际法院认为，挪威的海岸线比较曲折复杂，用直线基线法划定海域是特定的地理条件所决定的，是合理的。挪威因此胜诉。实际上，国际法院在英挪渔业案中确认了可以用直线基线法划定领海的做法，这对直线基线法的广泛的采用起到了积极的作用。

历史上在采用直线基线法确定领海宽度之初曾引起许多争论，这是因为直线基线向陆地一侧所划定的海域

海洋权益

就像内陆湖泊、河流一样成为沿海国的内水,是不算在领海内的、完全受沿海国管辖的水域。用直线基线法划定领海与用正常基线法划定领海相比,由于多增加了一部分内水水域,沿海国对海洋的控制范围更大,别的国家可能会有意见。因此,对于一国是否有权用直线基线法划定领海就会引起争论,甚至发生纠纷。

41. 直线基线能随意划吗?

历史上,英国和挪威之间因为能否使用直线基线的问题发生了渔业纠纷,从纠纷中可以看出,相对于正常基线而言,用直线基线法确定领海更有利于沿海国,但会导致其他国家海洋活动范围相对缩小,而不利于相关的其他国家。因此,为了照顾各方的利益,就有必要明确和限制直线基线的使用条件和范围。

英挪渔业案后,直线基线法被《联合国海洋法公约》所确认,但为了防止沿海国过分地扩大自己管辖的海域,公约同时又对划定直线基线的方法作了限制。公约中规定,只有在海岸线极为曲折的地方,或紧接海岸有一系列岛屿等情况下,测算领海宽度的基线才可以采用连接海岸边和周围岛屿各个选定的点这种直线基线的划法。并规定采取直线基线法不应明显地偏离海岸的一般方向,要使基线内的海域充分接近陆地领土,等等。这样,就一定程度上保证了其他国家的利益。

42. 英国和挪威之间的渔业纠纷产生了什么影响?

在日常生活中,如果人们遇到一些麻烦事情,在没有办法的时候,往往要参照以往的经验,或者看别人是怎么做的,必要的时候也会"遵循先例"。在海洋法里也有这样的情况。

国际法院对英挪渔业案的判决使直线基线法成为一种合法的规则,确立了直线基线法这种法律制度,这适应了不同的客观地理情况,丰富了海洋法的内容,的确影响很大。人们把像英挪渔业案这样的由法院和国际仲裁法庭所作的判决实例称为司法判例。可以看出,司法判例的影响有时是很大的,甚至会促使某些法律规则的产生。

43. 什么是混合基线?

为了确定自己的领海,一个国家可以用正常基线法,也可以按照规定采用直线基线法,必要的时候可以综合采用这两种方法,这就是混合基线法。混合基线是指既采用正常基线的方法,又采用直线基线的方法,来确定一国的领海范围的基线。有的国家就规定,一般情况下,测算领海宽度的基线是正常基线,也就是沿岸的低潮线。但是在海岸线非常曲折的地方,或者紧接海岸有一系列的岛屿,则应当用连接各个适当的点的直线基线来测算领海宽度。对此,《联合国海洋法公约》规定,沿海国为了适应不同的情况,可以交替使用公约规定的任何方法来确定国家的领海宽度。这实际上就认可了混合基线的做法。

44. 如何在低潮高地划定领海基线?

低潮高地是指自然形成的在海水低潮时露出水面,四面环水,而海水高潮时被水淹没的陆地。由于低潮高地的这些特点与一般的陆地不同,那么,在有低潮高地的地方如何划定领海基线呢?

一般来说,如果低潮高地的全部或者一部分与大陆或者岛屿的距离不超过该国的领海宽度,那么,这个高地的低潮线可以作为测量领海宽度的基线;但是,如果这个低潮高地全部与大陆或者岛屿的距离超过了领海的宽度时,这个高地就没有自己的领海,而在同样情况下的岛屿是有自己的领海的。可见,这种规定考虑到了低潮高地和岛屿的差别。另外,低潮高地一般不应作为直线基线的起止点,但如果这个高地上有永久性的高于海平面的设施,比如灯塔等,就允许这样做。

45. 如何确定领海外部界限?

国与国之间存在划界问题,通过划界可以明确国家领土的范围。在陆地上,可以以山脉、河流为界,并用界碑、界桩把国家之间的边界划清楚。可是,在海上划界就有一些困难了,因为在大海上,人们看到的除了海水还是海水,没有山脉、河流这样的地形做参照。在这种情况下是如何确定领海的外部界限的呢?

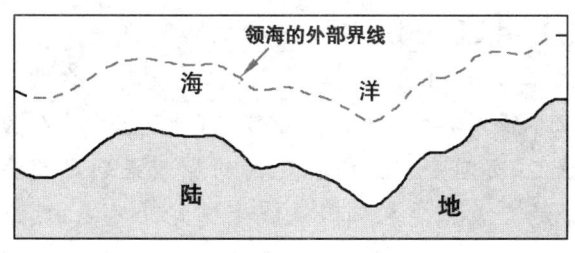

领海外部界线

实际上,确定领海的范围,除了要明确领海宽度的起算线、也就是领海基线以外,还要明确领海的外部界限。在茫茫大海上确定领海的外部界限,一般来说可以用几何学和天文学的方法,比如可以以地球经纬度为界,这被称为天文学边界。由于领海的外部界限应该是一条它的每一点同领海基线最近点的距离等于领海宽度的线,所以常常要借助于几何学的方法划界。

46. 什么是平行线划法?

人们平时所说的平行线,往往是指两条平行的直线。其实,对于曲线来说,也有平行的情况。在海洋法里,领海外部界限上的各个点到领海基线最近点的距离就应当正好是领海宽度,这样,领海外部界限应该是与领海基线平行的一条线。那么,如何划定这一条线呢?对此,《联合国海洋法公约》并没有规定出具体的划法。而在各国的实践当中,大致有这样三种划法:交圆法、共同正切法以及平行线法。其中,不管是采用正常基线法还是采用直线基线法,都可以用平行线法,即采用领海的外部界限是一条与领海基线完全平行的线的划法。

47. 怎样用交圆法划定领海外部界限?

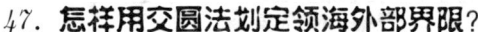

大家知道,在大海上四顾茫然,是没有什么明确的标志可以参照划界的,领海的外部界限只能通过人为的方式来确定,交圆法就是根据几何的原理来划定领海的外部界限的。首先要在领海基线上选定某些点,然后以这些点为中心,以领海宽度为半径,向外画一系列相交的半圆,各个交点之间的弧线连成一体所形成的线便是领海

的外部界限。采用交圆法所划定的线是基本上与领海基线平行的。

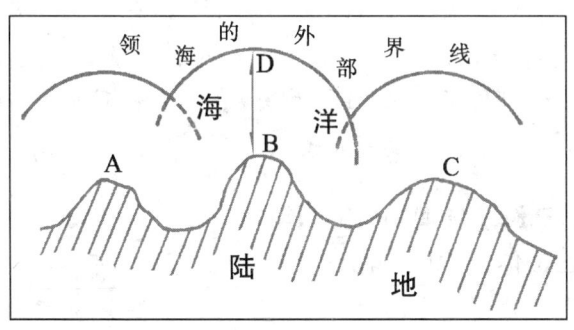

交圆划界法

48. 共同正切线划界法的奥妙在哪里?

在确定领海的外部界限时,可以采用平行线法和交圆法,除此之外,在以直线基线作为领海基线的情况下,还可以用共同正切法。

正常基线与直线基线相比,它是自然存在的,而直线基线是连接大陆岸边和沿海外缘岛屿上选定的若干个点,人为划出的,所以,在采用直线基线划法的情况下,比较容易划出一条与直线基线平行的领海外部界限。首先,以选定用来划

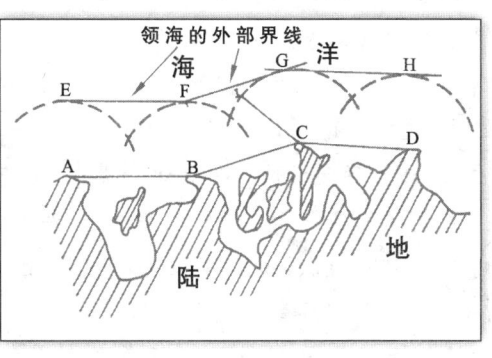

共同正切线划界法

定直线基线的那些基点为中心,以领海宽度为半径,向外划出一系列半圆,然后划出每两个半圆的共同正切线,这些共同正切线连接在一起就形成了领海的外部界限。实际上,每条正切线都是与相应的各段直线基线平行的,而且两者之间的距离正好等于领海宽度。这种划定领海外部界限的方法就是共同正切线法了。

49. 怎样解决领海划界的纠纷?

在国际上,对于沿海的水域归属问题,可能会发生许多纠纷。对于某个海区来说,可能这个国家说它是我的领海,那个国家也会说是他的领海。这样的纠纷,很多都是因为两个国家的领海分界线不清楚所引起的,那么,怎样来解决国与国之间的这种领海划界纠纷呢?

如果两个国家隔海相向,两个国家之间的距离又大于24海里,那么,这两个国家是不会发生领海划界争端的。但是,如果两国之间的距离不到24海里,这样便有可能产生领海边界的纠纷。为了解决这种纠纷,两国可以通过协商签订协议来划定领海分界,如果没有协议,通常是两国领海应以中间线为界。

什么是中间线呢?许多朋友都有过这样的经历,或者见过这样的情况:小时候,在学校和同桌的同学闹矛盾,或者开玩笑,为了表示划清界限,互不干涉,就用粉笔在课桌中间画一条线,这就是中间线。这和国际上领海划界的中间线做法差不多,只是谈不上"国际纠纷"而已。在解决领海划界纠纷中,中间线就是一条每一点都与两国的领海基线最近点的距离相等的线,以这样一条线划分海岸相向国家的领海一般来说是比较公平的。

同样,对于海岸相邻的国家而言也是如此,在没有协议的情况下,中间线划界法应是解决领海划界纠纷最好的办法。

50. 外国船舶能不能不经许可进入别国的领海?

领海是国家领土的组成部分,领海的上空、水体、海床和底土均受沿海国国家主权的支配和管辖。沿海国可以制定和颁布有关规章制度,开发和利用领海内的资源,进行沿海航运和贸易以及各种管理活动。对于领海的上空,未经沿海国的许可,外国飞机不得进入。那么,外国船舶可不可以不经许可就进入他国领海呢?

对于陆地领土来说,外国的运输工具在没有经过允许的情况下,是不能入境或者在境内行驶的。按说,领海也应当如此。只是海洋因为与陆地相比更加开放,由于地理上的原因,各国船舶在各港口之间运输的时候难免要穿越或经过别的国家的领海,至少这样可以缩短航行的路程,如果每一次都要报请沿海国许可,那可就太麻烦了。于是,长期以来,形成了一个国际习惯,那就是外国船舶享有一种不用经过沿海国允许就可以在他国领海航行通过的权利,这叫作"无害通过权",并形成了"无害通过"的法律制度。

51. 航海中的无害通过是什么意思?

人们平时说的"无害",就是说某个事物没有害处,不是有毒有害、易燃易爆的能带来损害的物品等等。不过,在无害通过制度里的"无害",是指通过别的国家领海的船舶不能对沿海国构成危害。无害通过是为了方便其他国家船舶的航行,而给予这些船舶不用经过许可就可以通过的一种航行权利。

在海上航行的时候,一国船舶有时需要穿过他国领海以安全方便地驶向目的地,所以有必要要求沿海国适当地照顾这些往来的船舶,给予通行的方便。但是反过来,为了沿海国的主权和安全,外国船舶在通过他国领海时,也不能损害沿海国的良好秩序以及和平与安全,这样才能被称为"无害"的通过。而且既然是"通过",就不应该长时间逗留。也就是说,通过应当是继续不停、迅速地进行。只有在必要时才能停船和下锚,比如在通常航行中出现事故,遭遇灾难;出现了不能克服、不能抗拒的情况,也就是人们称作不可抗力的情况。

52. 神秘的潜水艇为什么不受欢迎?

1981年10月27日,前苏联的一艘潜水艇在瑞典南部卡尔斯克鲁纳海军基地附近搁浅,被瑞典发现,结果,前苏联受到了世界许多国家的谴责,非常难堪。原来,这艘潜水艇是在瑞典领海进行侦察活动时出了事故。潜水艇在瑞典领海的这种活动侵犯了瑞典的主权。按照规定,外国船舶通过他国领海的时候,不能进行搜集情报等活动。而且,即使没有搜集情报的行为,按

潜水艇

照在别的国家领海无害通过的规定,潜水艇在通过他国领海的时候也是应当浮出水面的。实际上,潜水艇的这种活动根本不是一般的航行通过活动,而是一种非法的侦察活动,更何况这个事件发生的地点是瑞典的军事禁区,严重地侵犯了瑞典的领土主权和国家安全。这样的事情是绝对不受沿海国欢迎的。

53. 哪些活动被视为对沿海国"有害"?

外国的船舶在通过别国领海的时候,要避免给沿海国造成危害,这才叫作无害。那么,怎样才能构成无害通过中的"无害"呢?要说明哪些行为是对沿海国无害的行为是很困难的,因为这样的行为太多了。为了明确这个问题,《联合国海洋法公约》从反面列举了12种"有害"通过的情况。它的主要含义就是:凡外国船舶在领海内通过时,进行任何其中一项活动,这种通过便被视为对沿海国的和平、良好秩序或安全有损害,就是"有害"的通过了。根据这样的规定,船舶在通过别的国家的领海时,进行诸如捕鱼、研究测量、收集情报等活动,都是非法而且是有害的。

54. 谁应当对科孚海峡案负责?

科孚海峡是阿尔巴尼亚与希腊之间的边界线,最狭窄部分完全在两国的领海中。1946年5月14日,两艘英国巡洋舰通过科孚海峡时遭到了来自阿尔巴尼亚海岸的炮火轰击。英国政府立即向阿尔巴尼亚政府提出抗议,声称英国船只享有通过海峡的无害通过权,阿尔巴尼亚无权干预。而阿尔巴尼亚政府则答复说:外国船舶通过领海必须事先通知并取得阿方的许可,否则是非法的,阿尔巴尼亚当然可以进行处理。为了试探阿尔巴尼亚的态度,在 1946 年 10 月 22 日,一支英国舰队又一次通过科孚海峡。在通过时,两艘军舰触水雷发生爆炸,结果造成舰只严重损坏,死伤 82 人。于是,英国政府决定在科孚海峡阿尔巴尼亚领海扫雷,阿方则强烈反对。在后来的扫雷活动中,英国发现了 22 枚水雷。对于这样的情况,英国认为阿尔巴尼亚应当对英国舰只和人员的伤亡负责,英阿两国因此发生争端,最终把案件拿到了国际法院进行审理和判决。

对于这个案件,国际法院认为,英国和阿尔巴尼亚双方都有不对的地方,但是总的来说,在阿尔巴尼亚领海内,阿方有义务保证进行无害通过的外国船舶的航行安全,本案中阿方没有尽到这个义务,造成了英国方面的损失,应当对此负责。于是判定阿尔巴尼亚应对英国进行赔偿。可是阿尔巴尼亚认为判决不公,所以并没有执行判决。对于这个案件所涉及的问题,存在不同的观点。

55. 外国船舶无害通过要不要受保护?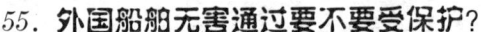

外国船舶在别的国家的领海里有无害通过权,这说明,尽管沿海国对其领海有领土主权,但沿海国也有责任保证外国船舶在领海无害通过。为了避免损害外国船舶的无害通过权,沿海国不能对外国船舶强加太多不必要的要求。为了便利外国船舶航行,沿海国在发现领海内有对航行有危险的情况时,也应当以合适的方式公布,以保护外国船舶的无害通过权。

在科孚海峡案中,英国人认为水雷是阿尔巴尼亚所布的,即使不是阿方所为,也肯定是在阿方的请求或默许下进行的,所以不管怎样,阿方都应当对水雷引起的损害负责。对于这个问题,审理案件的国际法院认为,英国人的这种说法是没有事实依据的。不过,国际法院同时又认为,不管是哪个国家布的水雷,布雷活动不可能在阿尔巴尼亚不觉察的情况下进行,毕竟布雷的地点在阿尔巴尼亚的领海,而且距离海岸很近。阿方知道这种危险,就应该通知英方。正是由于阿方没有通知英方,才导致灾难发生,因此,阿尔巴尼亚应当赔偿英国的损失。

56. 在别国的领海可以扫雷吗?

外国船舶可以在他国领海无害通过,但是未经沿海国许可,进行与无害通过无关的活动则会被认为是对沿海国"有害"的、非法的行为。

海底雷区

在科孚海峡案中，英国海军未经阿尔巴尼亚的许可，在阿尔巴尼亚领海进行扫雷活动，这被国际法院认为是侵犯阿尔巴尼亚主权的非法行为。对于这个问题，英国辩解说扫雷是为了搜集证据，以查清爆炸事件的真相，目的在于自卫。但国际法院并不同意这样的说法，其认为，沿海国对其领海有领土主权，英国的做法是一种滥用武力的行为，侵犯了阿方的主权。谁对谁错总是可以解决的，不能采取不合法的手段，所以，英国的扫雷活动是不对的、非法的。可见，不管发生了什么事件，在独立国家之间，尊重领土主权是国际关系最重要的基础。英国扫雷的这种做法侵犯了他国的主权，是不允许的。

57. 外国的军舰有没有无害通过权？

外国船舶在别的国家的领海有无害通过权，那么，是不是不管什么样的船舶都有这种权利呢？特别是外国的军用船舶，它能不能无害通过他国领海呢？这是一个长期争论的问题。毕竟，军用船舶和一般的民用船舶不同，沿海国可能会觉得军舰不利于本国的安全，而反对军舰有无害通过权。

对于这个问题，一些海洋强国主张，不管军用船舶还是民用船舶，一切国家的船舶都享有无害通过权；而另一些国家则认为，外国军用船舶应事先通知沿海国，或得到沿海国准许以后才能通过沿海国的领海，这样可以更好地保证沿海国的国家安全。

这个问题也曾出现在科孚海峡案中，当时，阿尔巴尼亚提出英国军舰未经许可通过其领海是对阿方主权的侵犯,英国军舰的通过不是无害通过。对此,国际法院则认为,英国军舰只要以符合国际法的无害通过的方式通过海峡,就应当被允许。国际法院的这个观点实际上肯定了军用船舶的无害通过权。不过,这方面的争论并没有就此结束,各国的观点仍不一致。对此,我国是怎样一种态度呢?根据《中华人民共和国领海及毗连区法》第六条的规定,外国非军用船舶,享有依法无害通过中华人民共和国领海的权利,而外国军用船舶进入中华人民共和国领海,须经中华人民共和国批准。

58. 沿海国在领海上什么都可以管吗?

按通常的解释,领海是沿海国领土的组成部分,沿海国在享有领土主权的基础上当然有司法管辖权,这应当包括刑事管辖权和民事管辖权。自己的地方当然自己说了算。但是领海不同于其他领土,最特别的就是外国船舶享有的无害通过权,因此,为了照顾各国船舶正当的航行利益,沿海国行使司法管辖权要受一定的限制。一般来说,外国商船内部发生的案件大多数与沿海国没有什么关系,由商船的所属国管辖为好。即使是民事案件,沿海国也不能随便停止无害通过其领海的船舶的航行,或命令船舶改变航向。所以,沿海国一般不会在通过领海的外国商船上为了办案而进行逮捕和调查等活动。但是也有例外,比如外国船舶上的某项犯罪产生的后果发生在沿海国,或者犯罪行为扰乱了当地安宁或领海的良好秩序,沿海国就可以进行处理。

这说明,沿海国和外国船舶之间应当互相尊重,无害通过的外国船舶应当遵守沿海国的法律,不能对沿海国有什么不良的影响,而沿海国在行使司法管辖权的时候也应当给予无害通过的外国船舶一定的方便。

59. 国家的领域管辖权力主要体现在哪些方面?

沿海国有权对领海进行管辖,这种管辖就是国家的属地管辖权,又可以叫作领域管辖权。它是指国家对其领域内的一切人和物以及所发生的事具有管辖的权力。这种国家管辖权力所涉及的领域范围包括国家的领陆、领海、领空和领海、领陆的地下层,管辖的对象涉及在这

海上巡逻

些领域内的人、物和事。所以住在所在国的外国人要遵守所在国的法律,外国船舶通过领海的时候,也必须遵守沿海国的法律和规章。当然,属地管辖权也会受到一些限制,比如根据国际法的规定而享有外交特权的外交官,由于是代表派遣国行使公务,而不是处理个人的私事,考虑到国与国之间的平等关系以及行使公务的需要,在涉

及与东道国法律有关的事务时,就应当按照外交途径解决,而不会直接由所在国自行处理了。

60. 国家的属人管辖权有多大？

国家的管辖权主要表现为属地管辖,但除了属地管辖权以外,国家还拥有属人管辖权。属人管辖又可以叫作国籍管辖,它是指国家对一切在国内和国外的本国人,有权进行的管辖。根据这个原则,即使本国人在国外犯罪,本国也有权管辖。比如我国刑法规定,中国公民在中国领域外犯罪的要适用我国刑法处理。其他国家也有类似的规定。与属地管辖一样,属人管辖也有一些限制,我国刑法就规定,国家工作人员和军人以外的中国公民在中国领域外犯罪,虽然要受我国刑法的管辖,但是按照我国刑法的规定,属于最高刑为3年以下有期徒刑的,可以不予追究。当然,由于国家工作人员和军人的身份特殊,不管罪行轻重,都要用我国的刑法处理。

61. 国家间为什么会有权力的冲突？

领海属于沿海国的领土,可是沿海国在行驶管辖权的时候也会和其他国家所行使的管辖权发生冲突,这是什么原因呢？原来,不同的管辖原则就有不同的管辖依据,这样难免会发生管辖上的冲突。大家可以想一下,一个国家根据属人管辖原则可以对在外国的本国人进行管辖;可是这个人所在的外国,也可以根据属地管辖的原则对这个人进行管辖,那到底应该由谁来管呢？总不能两国都管吧。反过来,一个采用属地管辖原则的国家可能不对在外国的本国人进行管辖,因为这已经超出了本国的领域,而这个人所在的外国也可能由于采用属人管辖的原则,也不对这个人进行管辖,因为他不是本国人,结果哪一国也没有管。这两种情况就是管辖权的冲突,前一种叫作管辖权的积极冲突,而后一种却叫作管辖权的消极冲突。由于各国更愿意极力扩大本国的管辖范围,所以管辖权的积极冲突就更常见一些。如果这些冲突不及时解决,也会直接影响两国的关系和管辖权的具体行使。

62. 国家的权力是怎样受限制的?

一个人在某外国境内犯了罪,是由这个人的所属国来处罚呢,还是由他犯罪所在的外国来处罚?由于两个国家的法律往往不一样,不同国家进行管辖,结果也会不同。类似这样的管辖权上的矛盾冲突事件很多。碰到这样的问题通常又是如何解决的呢?解决的办法只能是各国之间通过国际法规则或者各方达成的协议互相谦让,或者国家干脆在制订国内法的时候做出专门规定,在一定范围内限制本国的管辖权。

比如像前面所说的这种情况,我国法律就有这样的规定,中国人在国外犯罪,如果最高刑是 3 年以下有期徒刑的,可以不按我国的法律追究。也就是说,按照这样的规定,这个中国人所在的外国,就可能依据该外国的法律决定这个中国人是否有罪,是否处罚。这就在一定程度上减少了管辖权上的冲突。

在沿海国的领海内,也会存在这样的管辖权的冲突,同样,也会发生管辖权受到限制的情况。

63. 如何对付领海内的犯罪？

在一个国家的领海内可能发生许多刑事案件，比如走私、贩毒等等。要对付这些案件，沿海国就得在通过领海的船舶上进行调查，或者逮捕船上的犯罪嫌疑人，这很可能影响船舶的航行。所以，为了尽量减少对船舶正常航行的影响，在犯罪仅仅涉及船舶内部、不影响沿海国的利益的时候，还是由船舶所属国自己来管辖比较合适，沿海国不要过多地干预。

那什么时候沿海国可以管呢？比如犯罪的后果影响到沿海国，犯罪行为扰乱了当地安宁或领海的秩序，或者所管的事项涉及毒品犯罪这种各国都敌视的犯罪，或者船舶的船长、船舶所属国的外交代表请求沿海国协助管理某些事项。在这些情况下，沿海国可以依法进行管理，但在采取行动时，也要顾及到船舶通过领海的有关利益，并尽可能将有关的情况及时通知船舶所属国的外交代表。

64. 为什么不能管外国的军舰和政府船舶？

沿海国在领海内行使管辖权实际上针对的都是商船，而不能针对别的国家的军舰和政府公用船舶。这到底是为什么呢？这是因为外国的军舰和政府船舶有管辖豁免权。这里的管辖豁免权就是一种优待，它们可以被免除管辖，不受制裁。

为什么会有这种权利呢？这首先还要从国家主权豁免说起。国家主权豁免是指国家根据国家主权和国家平等的原则，而不接受别的国家管辖的特权。这是因为国家是平等的,有句法律格言说道:"平等者之间没有管辖权",大家都是平等的,你管不了我,我也管不了你,一个国家不能管另外一个国家。这就产生了国家主权豁免。国家所有的军舰和政府公用船舶又都是国家的财产,是代表国家履行职责。所以,根据国家主权豁免的原则,即便是在别的国家的领海里,这类船舶也不能受到别国的管辖。

船舰

当然,这些船舶也不是完全不受约束,不能说既然别人管不了,就可以胡作非为,它们也要遵守沿海国的法律。如果出现违法现象,那就会形成国际纠纷。每当这个时候,沿海国就可以通过外交途径交涉,由两个国家的政府和外交机关出面协调解决纠纷,这些船舶所属的国家通常是要承担国家责任的,要赔礼道歉,甚至赔偿对方的损失。

65."交易"号是不是政府公用船舶?

"交易"号原来是一艘美国人拥有的船舶的名字,在

1810年,该船被法国军队在公海上扣押,后来充作了法国的政府公用船舶,改名为"巴拉乌"号。在一次航行中,由于天气恶劣,该船被迫驶入美国的费城港,接着便发生了这样的一件事,该船原来的主人——两个美国人向美国法院提起诉讼,声称该船应当归他们所有。但是经过一番诉讼之后,最终,法院认为,该船已经成为法国国家公用船舶,因而有管辖豁免权,不受美国法院的管辖,美国法院作为司法机关没有办法进行审理和判决。至于法国将该船充公是否合理,以及由此引起的纠纷,看来也只能由两个国家的外交机关来出面解决了。所以法院驳回了原告的请求。在这个案件中,法院承认了原来的"交易"号船,也就是现在的"巴拉乌"号船,是法国的政府公用船舶。这是世界上关于国家豁免问题的最早的国内司法判例之一,对以后类似案件的处理有一定的影响。

66. 应不应当扣押"比利时国会"号?

这里要讲的事情发生在19世纪末的欧洲。"比利时国会"号是一艘比利时船舶的名字,根据当时英国与比利时之间的条约,该船负责在两国之间运送邮件,条约还确定该船是比利时的军用船舶,享有军用公船的待遇。实际上,该船除了运送邮件以外,还从事商业性的旅客运输业务。

1879年,该船在航运途中与一艘英国船舶相撞,受损害的英国船向英国法院提起了诉讼,要求"比利时国会"号给予赔偿。英国的海事法院因此扣押了"比利时国会"号。而"比利时国会"号这一方声称船舶是比利时的国家财产,属于军舰,不受英国法院的管辖。最终,法院认为,根据有关的条约,该船属于国家公用船舶,享有管辖豁免权,英国法院没有这个案件的管辖权。于是,撤销了对"比利时国会"号的扣押令。这说明,有管辖豁免权的船舶是不应当被扣押的。

67. "比利时国会"号到底应不应当有豁免权?

一般来说,国家的公用船舶有管辖豁免权,不受别的国家的管辖,这在一些案件中都有体现。在19世纪末发生在英国的"比利时国会"号案件中,法院认为"比利时国会"号船舶有豁免权,并明确了只要是国家的公用船舶都有管辖上的豁免权的观点。这看起来好像是没有任何争议的事情。不过,这个案件和以往类似案件不同的是,"比利时国会"号虽然是军用船舶,但是实际上它除了按照国际条约的规定运送邮件以外,还从事一般的商业性的旅客运输业务,不完全是用于政府公用目的,在这样的情况下该船能不能享有管辖豁免权就引起了争论。起初,英国的海事法院就认为,该船从事大量的商业活动,不能被认为是军用船舶,因而可以扣押。虽然,最终英国的上诉法院确认了该船的军用船舶地位,解除了扣押;但是,对于这个案件中所产生的从事商业活动的公用船舶能不能享有管辖豁免权的问题,法院却没有一个正面而明确的答案。

对于这样的问题,有人也提出,如果国家的军用船舶,或者政府公用的船舶,从事与国家公用事务无关的商业性活动,在这种情况下,应当没有管辖豁免权。

68. 对外国的国有船舶都不能管吗？

一般来说，国有的政府公用船舶属于国家的财产，有管辖上的豁免权，沿海国对在本国领海上的这种外国船舶没有管辖权。不过，国有船舶的实际用途不同，也会有不同的分类：有的船舶从事执行管理国家事务的职能，比如海关的缉私船舶；而有的则是进行商业活动，比如从事一般的海运业务的船舶等。对前一种船舶拥有管辖豁免权大家没有异议，对后一种船舶是否有管辖豁免权却有不同的观点。这在"比利时国会"号案件中就有体现。有的国家认为，不管什么船舶，只要是国有的船舶都有管辖豁免权。而另一些国家认为，与国家进行统治和管理活动有关的船舶由于本身代表国家，因而有管辖豁免权，但是用于商业目的的政府船舶没有管辖豁免权，否则，与别的企业或个人出现了与商业活动有关的纠纷，别的企业和个人没有豁免权，也没法通过法律途径解决纠纷，本身的利益就会得不到保障，这是不公平的。

对于这个问题，国际公约又是怎么说的呢？在《联合国海洋法公约》中，规定了军舰和非商业目的的政府船舶有管辖豁免权。根据这样的条款，有人认为公约没有规定用于商业目的的政府船舶有豁免权，沿海国可以在必要时按照公约的有关规定对通过领海的这种船舶进行管辖。

69. 什么是内海？

内海并不是说国家内部的海就是内海，也不是指国家主权范围之内的所有海域。内海和领海不同，虽然两者都是国家领水的组成部分,但内海是内水的一部分。那么,到底什么是内海呢?内海就是领海基线以内,向陆地一面的全部海域。内海可能包括海湾、海峡、海港、河口湾等各种在领海基线与海岸之间的海域,这个范围可能也很大,特别是由于直线基线的存在,内海的范围就显得更大了。对沿海国来说,内海与国家的陆地领土一样,沿海国对内海也有完全的主权权利,所以外国船舶未经允许不得进入内海,或在内海内进行其他活动,否则便是对沿海国主权的侵犯。

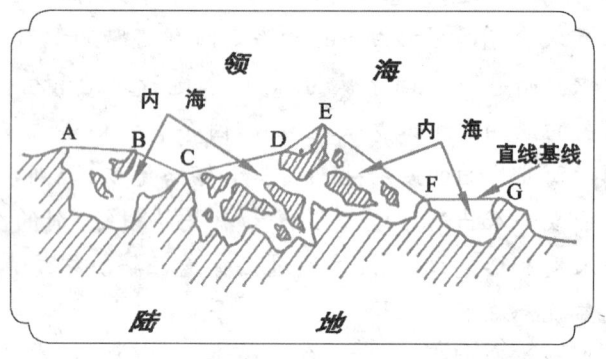

内海示意图

70. 内海和内水一样吗?

国家的领土由领陆、领水、领陆和领水上的领空以及领陆和领水下的底土四部分组成。其中,领水包括内水和领海,内水是指领海基线以内的所有水域,包括内海和内陆的河流、湖泊等等。而内海仅指领海基线以内的全部海域。这样看来,内水的范围要比内海大,两者是包容和被包容的关系。不过,在海洋法中,一提到内水,往往与海洋有关,内水也多被认为指的就是内海。为了区分内海和内陆河流湖泊的关系,在海洋法领域里,有人主张把内海叫作内水,把陆地上的河流、湖泊、运河等水域称为内陆水。

71. 在内海里能不能无害通过?

内海和领海都是沿海国领土的组成部分,而且都是沿岸海域的一部分,但两者是不同的。内海是领海基线向陆地一面的全部海域,而领海是领海基线向海洋一面的一定宽度的海域,可见,两者的地理位置不同。另外,两者的法律地位也不一样,内海和陆地领土一样受国家的严格管辖,外国船舶未经许可不得入内;而沿海国对领海的管辖与对内海的管辖相比较而言要宽松一些,起码,外国船舶有不经允许便可无害通过的权利。

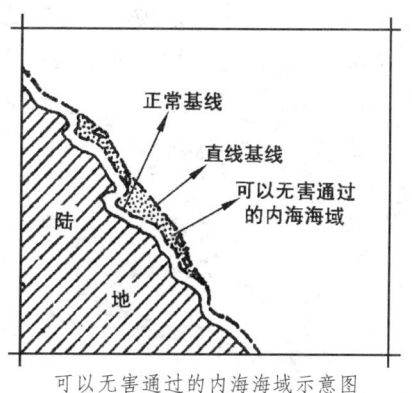

可以无害通过的内海海域示意图

那么,外国船舶在内海有没有无害通过的权利呢?一般来说是没有的,但是这也要看领海基线的划法而定。对于海岸来说,由于直线基线比正常基线更靠外,在使用直线基线划法的时候,内海的范围会更大一些。为了方便航行,在原先按照正常基线法划定海域的情况来看不是内海,而根据直线基线法被划入领海基线以内而成为内海的水域,外国船舶有无害通过的权利。当然,这种无害通过同领海内的无害通过制度相比,是一种例外情形。

72. 能成为内海的海峡有哪些?

内海是领海基线以内的全部海域,而不管这些海域是什么地理状况。所以内海可能包括海湾、海峡、海港、河口湾等。海峡也有好几种,其中能够构成内海的海峡,应当是海峡的两岸属于一个国家,而且它的宽度不超过领海宽度的两倍。由于领海宽度不超过12海里,所以这种海峡的宽度也就不超过24海里。这样,根据有关公约的规定,便可以把海峡划入领海基线以内,从而成为内海。

对于海峡两岸同属一个国家,被该国测算领海的直线基线包围的海峡,当然毫无疑问是该国的内海,比如我国的琼州海峡就属于内海。可是有些海峡虽然符合上述的条件,但地理

琼州海峡

位置非常重要,甚至是航行的必经之路,考虑到别的国家的航行利益,这些海峡被定为用于国际航行的海峡,而不适用一般的内海制度。这些海峡要么适用国际条约规定的特殊制度,要么就是其所属国对海峡另有与一般的内海不同的法律规定,有专门的制度。比如土耳其的黑海海峡,由于它的地理位置十分重要,周围海域的国家以及

海洋权益

其他的海洋大国历来又十分重视在这里的利益,在历史上长期相互明争暗斗。在这样的背景下,各有关国家制定了黑海海峡使用制度的一些公约,这样就使黑海海峡成为一个适用特殊制度的用于国际航行的海峡了。

73. 河口湾的领海如何确定?

我国的长江,年复一年地流向东海,由于不断地冲积,带来的大量泥沙,形成了一些新的陆地,造成河流两岸陆地向大海不断延伸,入海口也显得雄伟壮观,一望无际。在这里,河水与海水相连。这种河流入海形成的,有时看起来像一个大喇叭口的水域,就是河口湾。这种河口湾就是在河流入海口,由河流两岸向海的延伸部分构成的一片类似于海湾的水域。

那么,在河口湾这种地理位置如何划定领海基线的呢?如果河口湾以外不是内海的话(黄河口以外的渤海海域就是内海),河口湾的领海基线应是在湾口两岸低潮线上的两点之间的一条横越湾口的封口线。但是如果河口湾湾口的地理状况比较复杂,有沙洲、岩礁、冲积岛时,则可以在它们的外缘选定一些点,划成直线基线,基线以内的河口湾水域就属于内海,适用内海的制度。基线以外则是领海。如果河口湾以外也是内海,领海基线就当然应当划在内海以外了。

74. 什么是"内陆海"?

"海"的意思主要是指海洋的一部分,可是我们有时也用来称谓湖泊,比如青海、洱海、北京的北海。明白了这一点,就容易清楚内陆海的意思了。内陆海是指被一国领土环绕的咸水水域。不过,内陆海也有不同的情况,有的所谓的"内陆海"完全被一国领土环绕并不与公海或其他海相通,国家享有完全的管辖权,这实际上是内陆的咸水湖,如中国的青海湖。而有的内陆海虽然被一国领土环绕,但是有狭窄通道与公海或其他海连接,通道两岸属于该国的领土,这样的内陆海以外还会有内海和领海,日本的濑户内海就是这种内陆海。这类海域是沿海国有完全主权的内海。一般要求这类海域与其他海域连接的通道的宽度同样不应超过领海宽度的两倍。

75. 里海是由谁来管理?

里海位于亚洲的中西部地区。里海虽然叫作"海",但它是被陆地完全包围的水域,实际上是一个咸水湖。它原来被前苏联和伊朗两国领土包围,由于前苏联解体,现在则被伊朗、土库曼斯坦、哈萨克斯坦、俄罗斯、阿塞拜疆等国所包围。虽然里海是一个咸水湖,但水域辽阔,涉及沿岸许多个国家,所以也需要明确有关的法律制度。按照惯例,在没有条约的情况下,各沿岸国可以按照地理位置或历史上的权利分别享有应该属于它的那部分。各个国家也可以签订条约,采取与海洋划界相同的方法划定各个沿岸国所属的部分。对于里海,前苏联和伊朗曾签订条约,确定里海是两国的海,该海域为两国平等地利用而开放,两国船舶均有权悬挂本国国旗在里海自由航行。但前苏联解体后,出现了几个独立的新的里海沿岸国家,各沿岸国的权利和义务还需要通过签订新的条约进一步明确。

76. 弯曲的海岸就是海湾吗？

海湾这个名字我们经常听到，比如像"海湾战争"这样的名词就提到海湾，这个海湾指的就是位于西亚的波斯湾。海湾从字面上看就是弯曲的海岸所包围的水域，我们可以简单地称它为"水曲"。但实际上并不是所有这种形状的海域都是海湾。严格意义上的海湾是指海洋伸入陆地较深、入口宽度较小的明显的水曲，其凹入程度和曲口宽度的比例，使该水域有被陆地环抱的效果，就像我们张开双臂去拥抱别人一样，而不仅仅是一般的海岸的弯曲。

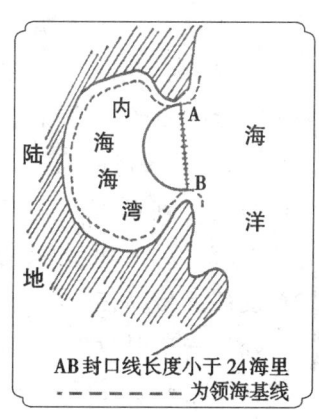

内海海湾示意图　　　波斯湾

水曲要"曲"到何种程度才算"明显"、才能成为海湾呢？按照规定，这种水曲的面积应该是大于或等于以其入口宽度为直径所作半圆的面积，这样的水曲才是海湾。如果入口较宽而伸入陆地的海域面积较小，就不符合这个条件了，这样的沿岸水域不是海湾。前面提到的波斯湾就是一个典型的海湾，它是处于亚洲大陆和阿拉伯半岛的环抱之中,仅有狭窄的霍尔木兹海峡与外界海域相连,符合构成海湾的条件。

77. 什么是内海海湾?

如果一个海湾属于一国的内海,国家便有完全的主权。由于作为内海的海湾深入陆地,外国侵略势力进入这个海域,无异于侵入陆地领土,所以这种海湾是很重要的,对于沿海国来说往往有着重要的国防意义和经济价值。那么,什么样的海湾才属于一国内海呢?又该怎样在海湾这种地形中划出它的领海基线呢?

渤海

根据《联合国海洋法公约》的规定,对于沿岸属于一国的海湾,在低潮时,如果海湾的天然入口两端之间的距离不超过24海里,也就是领海宽度的两倍,则可以在入口处划一条封口线,该线所包围的水域属于内海,这条24海里的封口线便是领海基线;如果海湾的天然入口处两端的距离超过24海里,则24海里的直线基线只能划在海湾内,并尽可能划入最大水域,基线以内的水域就是内海。当然,如果这个水曲入口过大,不符合构成海湾的条件,那么,领海基线就不能采用前边的特殊划法了。如果海湾有好几个沿海国,即使湾口很狭窄,比如波斯湾,也当然不能完全成为某一国的内水。我国的渤海湾则是我国的内海,渤海湾虽然湾口比较宽,但是由于湾口有一系列的岛屿,把湾口分成了好几段,而每一段都不超过24海里。所以,从这个角度来说,渤海湾是我国的内水,属于内海海湾。

78. 什么是历史性海湾?

一定范围的水域能不能划为内海还要根据实际的地理状况来定。但是,有一些水域虽然根据一般的地理规则不应被确立为内海,但根据沿海国的历史上的做法,沿海国一直把这个海域按照内海来对待,别的国家也承认。这样的海域就可以被认为是内海,这种水域就是历史性水域,包括历史性海湾、海峡中的历史性水域。

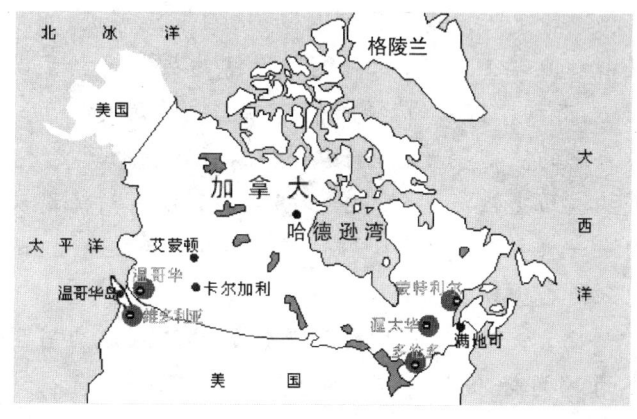

加拿大的哈德逊湾

历史性海湾就是那些沿岸属于一国、湾口宽度超过领海宽度的两倍,本不应该属于内海,但根据沿岸国的历史性权利被确立为沿岸国内海的海湾。之所以这样做,主要考虑到深入陆地的海湾,对于国家的国防安全和经济利益比一般较平直的海岸更为重要,沿海国已经对海湾当作内海进行了长期有效的控制。这样的海湾对沿海国来说非常重要,其他国家长期以来也一直承认这种局面。既然长期以来沿海国把这个海域已当作内海来对待,而其他国家也没有不同意见,这种海域实际上就可以实行与内海一样的制度。比如加拿大的哈得逊湾就是如此。对于我国的渤海湾来说,即使不考虑湾口的宽度大小,光从历史性海湾的构成标准来看,渤海湾也应该是我国的内海海湾。

79. 怎样才能算是历史性海湾?

历史性的海湾属于沿海国的内海,沿海国有完全的管辖权。历史性海湾往往深入陆地,国家能够进行控制,而且由于地理上的原因,对这种海湾的控制有利于国家的安全,有利于国家的经济利益。既然叫"历史性"海湾,这种海湾的法律制度应当长期存在,有较长的历史才行。是否构成历史性海湾,关键是看"国家有没有对海湾实行像内海一样长期有效的控制","其他国家对这种控制长期以来是否承认"。

那么,对于长期的控制和长期的承认到底应当用什么样的时间标准来衡量呢?大家观点不一。有人认为"长期"应当有一个限制,比如这种长期控制应当在海湾的一般划界规则的出现以前就有了。也有人认为"长期"应当是一个确切的期限,比如50年或100年。在观点不一的情况下,一些国家于是就自行宣布某些海湾是历史性海湾,比如加拿大的哈得逊湾、俄罗斯的大彼得湾等。

80. 港口水域是领海还是内海?

港口,可以说是船舶的家,有了港口,船舶就可以顺利地出海和靠岸。港口水域就是指用于装卸货物、上下乘客和船舶停泊的海域,这样的海域都具有各种用于航海运输的工程设施。在很久以前,港口就被认为是国家的海上领土。准确地说,港口是国家的内水,而不是领海。如果港口本身就处于一个大的内海海域内,则没有必要区分港口水域和其他内水域的界限。比如我国天津的港口水域,由于港口以外属于渤海海域,而渤海属于我国的内水,所以港口水域和港口外的水域都是内水。但是如果港口以外是领海,就应明确港口的外部界限,这时的港口外部界限其实就是领海基线。港口的外部界限是连接港口的最外缘各海港建筑、工程最外各个点,而形成的一条线,这条线将整个港口包围在内。这条线以内的水域就是港口水域了,属于内海。

81. 领海以外就是公海吗?

现在人们都知道海洋有领海和公海之分。其实,早在17世纪的时候,人们就已经有了领海和公海的观念。到19世纪的时候,海洋法的主要内容就是指领海制度和公海制度。大家也都认为,海洋除了属于自己国家的以外,就是大家都能利用的公共的海域,领海以外就是公海。但是,后来,特别是到了20世纪,随着国际关系的发展变化以及科学技术的进步,各国对海洋的利用加强了,国与国之间关于海洋的矛盾和斗争也增多了,一些国家提出了新的海域制度。对人类而言,为了充分地利用和管理海洋,也确实需要一些新制度。在这种情况下,又出现了毗连区、专属经济区、大陆架等这样的海洋区域,领海以外是公海的观念就已经被改变了。

82. 怎样对付领海外的神秘"游弋者"?

在以前,大家认为领海以外是公海的时候,会遇到一些棘手的事情。沿海国对领海内发生的事情,是可以管的,属于违法犯罪的,可以依法打击。可是在领海以外沿海国就不能随便管了。于是,为了避开沿海国的管辖,有些违法犯罪分子,比如想把违禁物品走私入境的走私分子,就和沿海国玩起了捉迷藏的游戏。他们的船舶一般不进入领海,而是在领海以外的区域游弋,寻找机会,与接货的犯罪分子接头交货,甚至进入领海一带活动,然后马上离开。这样,沿海国仅仅在自己领海内是很难打击这些违法活动的。

海洋管理

为了对付这些在领海以外游弋的违法犯罪分子,解决这个棘手的问题,一些国家就制定了相应的法律,规定为了维护沿海国的海关、移民等法律制度,沿海国在领海以外一定范围的海域也有部分管制权力。这样,沿海国的"势力范围"就超出领海的范围了。

83. 为什么要追击"孤独"号?

历史上,在美国曾发生过这样的事情:根据1922年美国颁布的关税法令,在美国3海里领海以外的一定宽度的海域以内,美国对外国船舶有权实施检查等管理活动。英国和美国签订的有关条约也确认了美国对英国船舶有这种权利,英国同意美国对试图向美国贩卖私酒的英国船舶采取上述措施。1929年3月20日,载有大量酒类的英国船舶"孤独"号在美国路易斯安娜海岸领海以外的附近海域被美国海岸警卫船发现,"孤独"号不顾警卫船的警告,启航驶往公海,拒绝停船接受检查。在追赶过程中,美国船舶在几次警告无效的情况下,便将"孤独"号击沉了,该船上的船员只有一人获救。

事件发生后,英国要求美国进行赔偿。为解决纠纷,英美两国组成了一个委员会来裁决争端。最后,委员会的裁决认为,美国方面将船舶击沉是不合法的,应当给予英国一定的赔偿。但是,在美国领海以外,美国能不能对"孤独"号要求进行检查并进行追赶呢?对于这个问题,裁决并没有提出疑问。实际上是承认了美国有这样的权力,只是认为进行这种武力攻击是不对的。这个案件说明,只要不超出一定的范围,沿海国在领海以外也有一定的权力,可以进行一些有限的、必要的管理活动。

84. 什么是毗连区?

历史上发生的"孤独"号案件表明,沿海国在领海以外的一定范围的水域也可以有一定的管理权。对于这样的区域,人们叫作毗连区。毗连区就是毗连领海的一定宽度的海域。沿海国在这个区域内有一定的管制权力，用来防止在其领土或领海内违反海关、财政、移民或卫生法律规章等事项的发生，并对违反这些法律和规章的行为进行惩治。

应该明确的是，毗连区和领海不同，它不属于沿海国的主权范围，沿海国只能进行一些有限的、必要的管制。

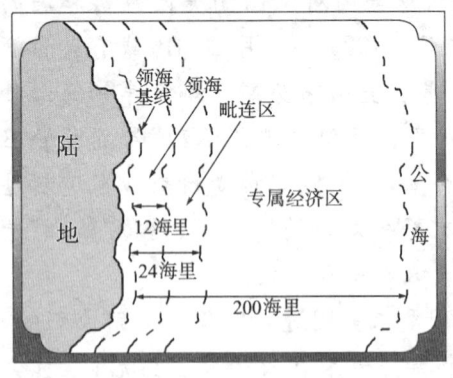

海域划分示意图

从范围上说，毗连区是在领海以外毗连领海的区域，它的外部界限从领海基线量起不超过24海里，毗连区的宽度实际上就是24海里减去领海宽度。由于领海宽度最宽可以为12海里，毗连区的宽度也因此至少是12海里。在我国，领海宽度为12海里，毗连区的宽度也是12海里。

85. 毗连区制度是怎样产生的？

毗连区制度也有一个产生和发展过程。历史上，为了维护沿海国自身的利益，更好地防止和惩治违法犯罪行为，沿海国希望将某些管辖权利扩大到领海以外的一定区域内。在这个区域内，沿海国虽然没有完全的国家主权，但是可以对某些违法行为采取必要的预防和惩治的措施，于是就产生了毗连区制度。早在1736年，为了

海洋权益

专门对付那些在海岸外一定距离内游弋、以寻找机会卸下违禁品的形迹可疑的船舶,英国就曾通过一个被称为《游弋法》的法律,此后,还通过了其他类似的法律。而其他国家也陆续制定并发展了有关的法律规定,到了19世纪,在领海以外毗连领海建立这样一个特别区域已经很普遍了。1958年的《领海与毗连区公约》把毗连区制度基本上肯定下来。后来的《联合国海洋法公约》则对毗连区制度进行了更加全面、明确的规定,毗连区制度就这样建立起来了。

海洋权益

繁杂的海域划分

86. 你知道什么是岛屿吗?

什么是岛屿这个问题,看起来是非常简单的,岛屿就是指与大陆不相连接、四面环海的陆地。这是人们比较普通的一种理解。可是,在海洋法里,如果要规定岛屿的法律制度以及有关的海洋法规则,就要首先在法律上给一个更加明确的岛屿的概念。历史上曾出现过几种不同的说法。在制定海洋法公约的过程中就有这样的说法:岛屿是"涨潮期间经常露出水面并为海水围绕的陆地,每一岛屿均有自己的领海";1958年《领海与毗连区公约》规定,岛屿是四面环水并在高潮时高于水面的自然形成的陆地;再到后来,《联合国海洋法公约》最终明确规定,岛屿是四面环水并在高潮时高于水面的自然形成的陆地区域,并指出,岛屿也和其他陆地一样有自己的领海、毗连区等有关的海洋区域。

岛屿

87. 河流冲积成的岛屿应属于谁?

岛屿属于陆地领土,如何确定岛屿的归属呢?这首先要了解国家取得领土的方式。国家取得领土的方式有多种,包括先占、征服、割让、添附等等。其中征服、割让等方式反映了资本主义国家领土扩张的掠夺性质,在国际法领域里是很有争议的,甚至被认为是违法的。唯有添附是一种自然现象,这样获得的领土大家往往没有争议。

那么,什么是添附呢?添附是指领土因自然状态的变化或人工力量而增添新的部分。通常自然添附形成的陆地有三角洲、废河床、新生岛等,而人工添附形成的陆地有防波堤、人工岛屿等。对于添附而形成的新陆地,发生领土添附的国家,当然应取得该增加部分的主权,而不必采取另外的任何特别措施,如插上国旗、发表声明来表明主权。

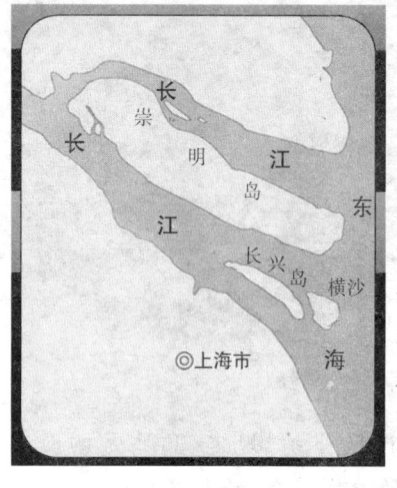

崇明岛

有一些岛屿,特别是在河流入海口处的岛屿,可根据自然添附的原则划入有关国家的领土范围内。比如我国的长江和黄河三角洲一带的岛屿,有一些是河流冲积而成的,它们就是我国自然添附形成的领土了。

88. 有先占为主的说法吗?

先占是一种领土的取得方式。顾名思义,先占就是先占为主。由国家占领了一块无主地,并在这块土地上实施有效占领,就在法律上取得了该土地的主权。不过,构成先占需要有两个条件:一是占领的土地必须是无主地,否则,在别人的后面占领别人的领土就不是"先"占了;二是占领的方式必须是有效占领,而不是简单地发现了这些土地。

从表面上看,用先占的方式取得领土是有一定道理的,许多国家的领土就是当地居民先占并长期居住,而使当地国家对该土地拥有主权的。不过,由于在国际上对什么是"无主地"和什么是"有效占领"有不同的意见,所以对所谓先占的效力也就有了分歧。资本主义国家在历史上多以所谓先占为理由掠夺土地,使先占带有了殖民掠夺性质。

89. "无主地"真的没有主人吗?

以先占的原则可以取得领土,但是先占取得领土的前提是必须针对无主地,对无主地才能先占取得。那么,什么是无主地呢?

在以前,一些西方的学者认为没有人居住,或者虽然有土著人居住,但并没有形成"文明"国家的地方都是无主地,这个观点是不完全正确的。实际上,住有土著部落或者具有一定社会或政治组织的人群的地方不能被认为是无主地。因此,无主地只能是尚未被任何国家占领,或者无人居住,或者土著居民还没有形成部落的地方。这样,在现在只有荒岛之类的地方属于这种情况。在历史上,西方殖民国家占领的一些地方,如非洲、美洲和亚洲以及太平洋地区的一些地方,按照这个标准,严格地说,很多都不属于无主地。所以,与此有关的所谓"先占"是很有争议性的。

90. 什么是"有效占领"?

要通过先占的方法取得领土,必须对无主地进行有效占领。怎么样才能构成对无主地的有效占领呢？历史上有很多的纠纷都涉及这个问题,人们的观点不一。

对于这个问题,德国著名的法学家奥本海总结了各种理论和实践,认为有效占领应具备两个条件:一是占领者以取得国的名义对无主地实行占有,并移民定居;二是在该地建立行政管理机构,宣布主权,并行使管辖权力。根据这个观点,一个国家仅仅发现无主地是不够的,不能因此产生主权。奥本海的这个观点往往被当作处理有关纠纷所遵循的原则。

国际法名著：《奥本海国际法》

其实,到底是不是有效占领,应根据每一个案件不同的、具体的情况分别认定。由于实际情况的不同,有效占领的表现形式也是各不相同的。比如,历史上,在帕尔马斯岛仲裁案中,强调先占取决于有效统治,而不仅仅是对岛屿的发现;而在克利柏敦岛案件中,强调对没有人居住的荒芜土地的先占取决于有效的主权宣告以及其他行使主权的行为,而不管有没有在土地上移民定居。

91. 帕尔马斯岛应属于谁?

帕尔马斯岛是位于菲律宾和印度尼西亚之间的岛

屿。在16世纪,西班牙人发现了该岛,但是西班牙人并没有对该岛宣布主权和实行有效占领。1898年,美国和西班牙之间的战争结束后,西班牙由于战败,根据美国和西班牙之间的条约,西班牙将当时属于西班牙殖民地的菲律宾群岛连同帕尔马斯岛一起割让给了美国。可是在1900年,美国发现该岛悬挂着荷兰的国旗,分明是表明该岛是荷兰的领土。于是针对帕尔马斯岛的主权归属问题,美国与荷兰之间发生了纠纷。

1925年,双方将争端提交给常设仲裁法院的法官胡伯进行仲裁。胡伯认为,荷兰自18世纪以来一直对该岛进行着有效统治。而西班牙虽然发现了该岛,但由于它没有进行有效统治,不能构成对该岛的有效占领,不享有对该岛的主权,当然也就不能割让给美国了。因此,裁定荷兰对该岛拥有主权。这一事实说明,只有有效统治才能构成先占。

92. 离自己近的岛屿就是自己的吗?

常言说,近水楼台先得月。不过,别人的东西即使离我们距离再近,也不能说就是自己的。这样简单的道理在解决领土争端中也是一样的。

在美国和荷兰之间的帕尔马斯岛领土争端仲裁案中,美国人就曾主张,从"毗邻性"的角度出发,可以根据地理条件把在领海以外的邻近岛屿作为自己的领土。这样,帕尔马斯岛就是菲律宾群岛的"天然附属物",理应属于美国所有。可是,裁决争端的胡伯法官却不同意这种观点,并认为国际法上没有这种规则,所谓的"邻近说"的理论没有法律依据。实际上,谁对岛屿拥有主权取决于实际存在的法律关系,而不是地理的远近。国家对靠近其领海的外国岛屿,没有权利以地理上的理由主张主权。

93. "热情之岛"的传说能确定它的主权属于谁吗?

这里所提到的岛屿叫克利柏敦岛。克利柏敦岛位于墨西哥西南面的海面上,是一个珊瑚环礁岛。该岛最初是由英国人克利柏敦发现的,并因此得名。但英国并没有提出主权要求。传说西班牙的航海家也到过这个岛上,并把它叫作"热情之岛",不过由于没有证据,这个情况只能当作是传说了。1858年,一名法国军官再度发现此岛,对该岛作了详细的地理记录,法国方面还在官方文件中做了记载和备案,而且还在媒体上发表了官方声明,宣布对克利柏敦岛拥有主权。可是,墨西哥认为该岛是西班牙人发现的,墨西哥在脱离西班牙的殖民统治后,应当以西班牙美洲殖民地的继承者的身份取得该岛的主权。

热带海岛

为解决纠纷,法、墨两国商定通过仲裁的方式解决,并邀请意大利国王艾曼努尔三世担任仲裁人。艾曼努尔三世认为,没有证据证明西班牙发现此岛并拥有该岛的主权。相比之下,法国人发现该岛的时候,该岛是无主地,而且法国方面在后来的做法足以成为法国对该岛主权的宣告。此后,法国还有对该岛行使主权的表现。这说明,法国存在对该岛的有效占领。于是裁定该岛的主权属于法国。

94. 采集鸟粪事件说明了什么?

在历史上,墨西哥和法国之间发生了克利柏敦岛领土争端案件。实际上,确有一些事实证明了法国对克利柏敦岛进行了有效占领。在案件发生以前,法国军官发现了该岛,并对该岛进行了地理记录,后来还向法国驻火奴鲁鲁(位于现在的美国夏威夷)的法国领事汇报了此事。法国领事在火奴鲁鲁的地方刊物《波利尼西亚》上发表了一个声明,声明法国已经对该岛宣布主权。

在案件发生前的1897年,一艘法国船来到克利柏敦岛,水手们发现岛上有3个人为美国旧金山的海洋磷肥公司采集鸟粪,并且曾经悬挂过美国国旗。这种随意采集鸟粪的行为违反了法国有关的法令。于是法国政府随即向美国质问这是怎么回事,美国方面解释说,没有允许这个公司从事这种行为,而且美国没有对该岛提出主权要求。

对于这些情况,案件的仲裁人认为,法国的这些做法都是国家行为,构成了对该岛的主权宣告,向美国质问的做法就是行使主权的行为。这是构成有效占领的重要因素。这也表明,法国是该岛的先占取得者。

95. 怎样才算是对荒岛的"有效统治"?

国家对一般的无主地进行先占的时候,可以在当地建立政权机构、移民定居等,实行具体的统治行为,这样,就可以构成有效占领了。可是对于没有人居住的荒岛来说,证明谁是占领者就显得比较困难。在法国和墨西哥之间发生的克利柏敦岛领土争端案中就存在这样的问题。

为了解决这个问题,在该案中,仲裁人对案情进行了分析。对于岛屿无人居住的这种情况,仲裁人认为,这并不影响法国对该岛的领有。既然有关的主权宣告和类似"采集鸟粪事件"的各种外交行为已经证明该岛是法国的领土,那么,法国就是该岛的占有者了。对于一个国家来说,既然是我的领土,在上面住不住人并不影响我的领土主权。虽然无人居住,但是有主权宣告,也有行使主权的行为,这本身就构成了对荒岛的统治。

96. 你知道"绿色土地"之争吗?

格陵兰岛位于北美洲北部,是世界上最大的岛屿。"格陵兰(Greenland)"这个名字的意思是"绿色的土地"。其实,该岛是一块冰天雪地、人迹罕至的地方。历史上在1380年,丹麦和挪威曾经结为一个国家,被称为丹麦-挪威王国。那时,格陵兰岛就已经在丹麦-挪威王国的权力统治影响之下了。1914年,丹麦-挪威国王根据条约将挪威割给了瑞典,但格陵兰岛仍然保留给丹麦。后来,在挪威独立后的1931年,挪威政府发表了一份声明,宣布对格陵兰岛东部地区实行占领,后又宣布该岛东南部的地区置于挪威的主权之下。丹麦认为挪威的这些活动侵犯了丹麦的主权,而挪威却认为东格陵兰是无主地,因此有权占领。这就导致了丹麦和挪威之间的争端。后来双方将案件提交给了国际常设法院来审理。

国际常设法院认为,丹麦长期以来就对该岛行使主权,在这里建立殖民地,进行探险活动,还一度禁止外国人在该岛经商。后来,还曾经允许英国人在该岛进行贸易、狩猎和开矿等活动。这些情况表明,该岛属于丹麦,不是无主地。既然格陵兰岛属于丹麦,格陵兰岛东部的东格陵兰地区也当然属于丹麦了。于是,国际常设法院判定丹麦胜诉。

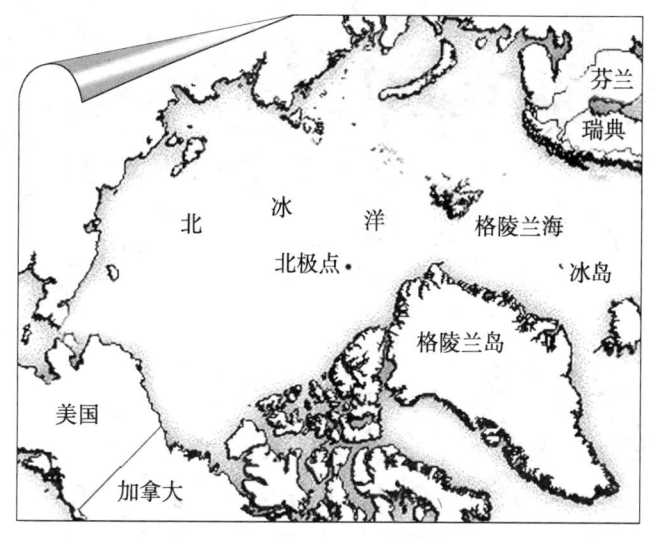

北冰洋与格陵兰岛

97. 冰天雪地的地方有没有主人?

国家的领土主权是很重要的,即使是冰天雪地、无人居住的地方,也不能随意放弃。在东格陵兰岛争端中,和克利柏敦岛案件类似的是,这两块陆地都很荒凉,格陵兰岛人烟稀少,而且冰天雪地,这种地方能被有效占领吗?

审理格陵兰岛案件的国际常设法院认为,从历史记载和文献上看,丹麦曾用各种方式宣告了对该岛的主权,并要求别的国家承认。虽然丹麦没有表明对该岛的权利范围有多大,没有说明具体从什么地方到什么地方属于丹麦,但是之所以这样,是因为当时它认为这一地区属于

生活在北极地区的爱斯基摩人

北极,寒冷的天气使外人不易进入,没有必要表明权力范围。所以,不能因此就认为丹麦实际的主权范围只限于有殖民的地方,也不能因为有的地方无人居住就认为是无主地。既然如此,格陵兰岛当然是丹麦的领土了。

98. 南极也可以先占为主吗?

南极洲气候寒冷,不适于人类居住,目前只有科学考察人员在那里活动。从18世纪以来,人们发现南极洲有丰富的生物资源和矿物资源,许多国家开始在这里进行科

学考察活动,并对南极提出主权要求。有的国家以先占为由划定自己的"领地",另一些国家也以其他的理由要求主权。在"二战"以后,对南极领土的争夺就更加激烈了。

可是,历史上并没有哪个国家曾占领过南极。现在大家都要占领,又都不能移民定居,你争我夺的,总要有个规矩吧。于是,各国便开会讨论南极问题,制订与南极有关的规则,并终于在1959年签署了《南极条约》,我国也是《南极条约》的成员国。此后,还出台了其他与《南极条约》有关的条约和文件,这些条约和文件和《南极条约》一起构成了"南极条约体系",形成了南极的法律制度。按照这一制度的要求,南极只应当用于和平的目的,各国应促进科学调查方面的国际合作,各国要定期举行南极协商会议,讨论有关问题。冻结各国对南极的领土要求,而且各国在条约的有效期内,不得对南极提出新的要求或扩大已有的要求。这样,南极就不能像别的无主地那样可以先占取得了。

冰海航船

99. 为什么会有对北极的争夺?

北极地区与南极地区不同,南极地区主要是南极洲大陆,而北极地区的绝大部分是海洋。世界上最小的一个大洋——北冰洋,就位于北极地区。北极大约有70%的地区常年冰封。北极有丰富的矿藏,有广阔的渔场和猎场,战略地位重要。除北极圈周围国家在这一地区活动以外,其他国家也长期在北极进行考察等活动。

当人类的足迹开始出现在北极的时候,也曾有人讨论过北极地区是否可以先占的问题。但北极不是陆地,是冰封的海洋,冰随着水体的移动而移动,难以被占领。不过,北极海域周围的陆地的归属已基本明确,分别划归美国、加拿大、冰岛、挪威、丹麦、俄罗斯等北极圈周围的国家了。所以,关于北极的争议和分歧主要是北极海域的划分和管辖权问题。有的国家单方面宣布了一些关于北极水域的法律,但许多国家有不同意见,特别是那些处于北极圈周围的国家。至今,北极的法律制度也不像南极那样,有一个完整的条约体系。随着北极地区的国际合作的日益加强,关于北极的法律制度也应建立起来。

在北极探险

100. 谁提出的扇形原则?

扇形原则,是一些国家对极地地区主张主权的一个原则。最早是加拿大为了主张对北极岛屿的主权而正式提出的。根据这种说法,位于极地地区两条国界线之间

海洋权益

直至极点的一切土地应当属于邻接这些土地的国家。因为这样的一个地区像一个扇形,所以这种观点叫扇形原则。这种观点有利于领土辽阔、跨越经度大的国家,因为跨越的经度越大,获得的领土面积越大,因此得到了横跨欧亚大陆的前苏联的支持和赞同。1926年,前苏联还以扇形原则为依据制定了法律。美国等国家还曾经主张按扇形原则在南极划分自己的领土。可是这些国家本身也曾反对这个原则。严格地说,扇形原则这种划界方法的有效性历来是有争议的。

101. 什么样的国家才叫群岛国?

群岛,顾名思义,就是指一群岛屿,包括某些岛屿的一部分、岛屿之间相连的水域和其他自然地形。不过,群岛作为一个法律概念,还要求组成群岛的各个部分彼此密切相关,使这些岛屿、水域和其他自然地形构成一个地理、经济和政治的实体。也就是说,群岛不单纯是一个地理上的概念,构成一个群岛还要考虑岛屿之间的政治、经济的密切联系等因素。知道了群岛的概念,群岛国的概念就容易搞清楚了。群岛国是指全部由一个

千岛之国印度尼西亚

或多个群岛构成的国家,并且还可以包括其他岛屿,比如那些不属于群岛的岛屿。某些在大陆上的国家虽然有海洋群岛,但是严格地说,由于在大陆上有陆地领土,不符合群岛国的构成条件,所以不是群岛国。而像印度尼西亚、菲律宾这样的国家就是群岛国。

102. 群岛国的领海怎样界定?

对于一般的岛屿来说,领海、毗连区等水域的法律制度和其他陆地的相关规定是大同小异的。但对于大大小小、相距很近的群岛而言,划定领海就复杂一些。特别是自成一国的群岛国,该如何确定领海基线和领海呢?

群岛国与一般的国家不同,划定海域要注重照顾各个岛屿之间密切的政治、经济联系。按照一般的领海基线的划法,有可能因为某些岛屿之间的距离较远,导致群岛国的领海分成了不相连的若干块,影响该国各个部分之间的联系。在1958年联合国第一次海洋法会议上,作为群岛国的菲律宾和印度尼西亚提议用一系列连接群岛最外缘的直线基线将群岛各部分连接起来,并以这条基线来确定领海,基线所包围的水域,不管有多深或离海岸有多远,均属于群岛国,受该国主权的支配。这样做,对群岛国来说是很有利的。这个主张后来被《联合国海洋法公约》明确规定了下来,称为"群岛原则"。

103. 划定群岛基线有没有限制?

根据群岛原则,群岛国可以划定连接群岛最外缘各岛的直线群岛基线,并从基线量出和确定领海、毗连区等海域。但这样有可能因为岛屿之间的水域宽阔,导致群岛基线以内的水域面积过大,其他国家会有意见,因此,有必要对划定群岛基线的方法进行限制。

根据规则要求,群岛基线内必须包括主要的岛屿和这样一个区域:它的水域面积和陆地面积的比例应为1:1~9:1;基线的长度不得超过100海里,且围绕任何群岛的最长的基线也不能超过125海里。因为,太长的直线基线会导致基线以内的水域过分宽阔。而且,群岛基线也不应明显地偏离群岛的一般轮廓。这些规则有些复杂,需要相应的地理和数学方面的知识帮助理解。总的来说,这些规定,一定程度上兼顾了群岛国和其他国家的利益。

104. 群岛水域有什么特别之处?

群岛国可以根据群岛原则划定群岛基线,基线所包围的水域,不论深度或离海岸的远近如何,均被称作群岛水域。群岛国的主权包括群岛水域,水域的上空、海床和底土以及其中的资源。群岛水域和内水不一样,但是群岛国可以在群岛水域内按照一般的做法划定河口、海湾和港口等内水水域。

如果不是群岛水域,在通常情况下,领海基线以内的水域都是内水,沿海国有完全的主权,他国船舶没有无害通过权。可是在群岛水域内,为了其他国家的利益,特别是航行上的方便,允许其他国家的船舶和飞机在群岛水域有通行的权利。这和内水的法律制度是不一样的。实际上,群岛水域和群岛基线以外的领海也是不同的。这说明群岛水域的法律制度既不同于内水,又不同于领海。

105. 怎样通过群岛水域？

群岛水域的地位既不同于内水，也不同于领海，其中很重要的一点就是存在外国船舶通过群岛水域的制度。那么，外国船舶该如何穿过群岛国的群岛水域呢？按照《联合国海洋法公约》的规定，通过他国群岛水域可以有两种情况：一种情况是适用无害通过制度，那就是所有国家的船舶都享有通过除群岛国内水界限以外的群岛水域的无害通过权；另一种情况是适用群岛海道通过制度，在这种情况下，群岛国可以制订适当的海道和海道上的空中航道，以便外国船舶和飞机通过并飞越群岛水域和邻接的领海。所有船舶和飞机均享有这种群岛海道通过权。船舶和飞机在群岛海道通过的时候应注意维护群岛国的利益，要毫不迟延地通过或飞越，不对沿岸国地主权、领土完整和政治独立进行任何武力威胁或使用武力，要遵守关于海上安全的国际规章。

106. 海峡对海上运输有什么重要意义？

海峡从地理上讲，也是海洋的一部分，是位于两块陆地之间、两端与海洋相通的一条天然的狭窄水道。海峡的名字听起来就有狭窄的意思，其实海峡本身有宽有窄，只是同广阔的海洋相比，海峡要窄得多。

海峡位于两块陆地之间，这两块陆地可以是大陆，如欧洲和非洲之间的直布罗陀海峡就是这种情况；也可以一面是大陆，一面是岛屿，如祖国大陆和台湾岛之间的台湾海峡就是如此；或者两面都是岛屿，如日本的津轻海峡便是这样,它位于北海道和本州两个岛屿之间。海峡两端连接海洋,和一些人工运河一样,构成了海上航运的通道。但是和苏伊士运河、巴拿马运河等运河不同的是,海峡是一条天然形成的水道,而不是人工造成的。从对海上航运所起的作用来看,海峡和人工运河都很重要。

苏伊士运河

107. 为什么说海峡是"海洋的咽喉"?

海峡既在两块陆地之间,又连接海洋,地理位置十分重要,往往是海上交通的必经通道。所以,海峡也往往被称为是"海洋的咽喉"。人的咽喉被扼住了,生命就会受到威胁。而海洋的咽喉被扼住了,海上运输、某些地区间乃至全世界的经济联系和相互交往就会受到威胁。可见海峡是非常重要的,特别是那些国际通行的海峡,不仅具有巨大的经济意义,而且还有重要的军事价值。在西方曾有人指出,"海峡对探险的速度和方向、对殖民地的掠夺、对商业财富的取得以及对海军战略的运用等的影响和作用,在各个时代都吸引着人们的注意"。

现在,随着国际间交往和经济联系越来越频繁,海峡的作用也更加突出,特别是对作为世界海洋通道的海峡

波斯湾与霍尔木兹海峡

的使用越来越多,使得海峡在世界运输和贸易中所起的重要作用更加明显了。比如连接波斯湾和阿拉伯海的霍尔木兹海峡,由于波斯湾及其周围地区盛产石油,该海峡就成了向世界各地输出石油的一个重要的通道,一旦这里的航行出了问题,甚至会直接影响到世界经济的发展。

108. 如何使用海峡?

使用海峡、在海峡中航行通过都需要有一定的制度。由于海峡的重要性,许多国家对于海峡的制度,特别是用于国际航行的海峡的使用制度非常重视。在第三次联合国海洋法会议期间,就海峡问题产生了一些不同的观点。特别是有的海峡属于沿海国的领海水域,在通过这些海峡的时候,如何保障沿海国的利益就成了一个问题。当时的美国和前苏联势力强大,它们出于自己全球战略的需要,坚决主张在领海海峡内一切船舶有权随意地自由通过,而不是无害通过。而一些发展中国家认为,由于领海海峡是领海的一部分,通过这种海峡,哪怕是用于国际航行的海峡,同样应当使用无害通过制度。经过斗争和

海洋权益

妥协,最终在《联合国海洋法公约》中,根据海峡不同的地理位置和作用,并考虑到各国的航行便利以及沿海国的主权和安全,将海峡作了不同的分类,这些分类分别适用于不同的通行制度。

109. 海峡可分为哪几类?

对海峡进行分类,可以采用不同的标准,比如地理特征、主权归属、通航价值等等。按照不同的标准分类会得出不同的结果。

那么,这些分类的结果如何呢?如果按照海峡两端连接的海域来分,有一面连接公海或专属经济区,一面连接领海的海峡,也有两面连接公海或专属经济区的海峡。如果按照海峡水域的法律地位来分,有处于领海基线以内的内海海峡;有完全是沿海国领海的领海海峡,或称作领峡;也有海峡宽度超过两岸领海宽度的非领海海峡,或称作非领峡,这种海峡除两岸有领海外,中间还有公海水域可以自由航行。如果从海峡的通行制度的角度来分,可以分为实行内水制度的海峡、实行无害通过制度的海峡、实行过境通行制度的海峡以及适用自由航行制度的海峡,另外还有根据专门公约规定的按特定航行制度通行的海峡。

110. 用于国际航行的海峡的重要之处是什么?

虽然从地理特征、海峡水域的归属等角度可以将海峡分为若干类,但是对于海上航行来说,人们看重的是海峡的航行价值,这往往也是决定海峡重要程度的标准。根据这个标准,可以将海峡分为用于国际航行、构成世界主要水道的海峡和只具有一般航行价值的普通海峡。

而用于国际航行的海峡之所以重要,是因为它所处的地理位置特殊,构成了国际航行的通道,甚至是往来船舶的必经通道,位于西亚的霍尔木兹海峡就是这样。这种海峡直接关系到许多国家的航行利益,在国际航运中有重要的价值。为了最好地发挥这种海峡的作用,协调沿海国和其他国家等各方面的利益,这种用于国际航行的海峡往往还有不同的航行制度。

111. 什么叫过境通行制度?

海峡由于地理位置不同,可能适用不同的法律制度。对于一些构成世界主要航行水道但又处于一国领海范围以内的海峡,一些国家主张这类海峡应该实行公海自由通行制度;而另一些国家则主张实行无害通过的制度。经过协商后,海洋法公约规定了一项新的通行制度,那就是过境通行制度,这一制度适用于那些用于国际航行的海峡,这些海峡不管两岸是属于一国所有还是多国所有,宽度都不超过24海里。在这类海峡中,所有船舶和飞机均享有过境通行的权利,只要是继续不停而迅速地过境,就不应受到阻碍。由于这类海峡毕竟是沿海国领海的一部分,在过境通行时,应当顾及到沿海国的利益。

112. 过境通行的潜艇要不要浮出水面?

过境通行制度是航行通过海峡的一种重要的制度,实行过境通行制度的海峡往往是沿海国的领海水域,而一般的领海水域是实行无害通过制度的,那么,过境通行制度和无害通过制度有什么不同呢?

海洋权益

在过境通行制度中,所有船舶和飞机均可以通过海峡,而飞机是没有在他国领海上空无害通过的权利的。在过境通行制度中,军舰也有权通过海峡,而且潜艇可以在水下潜行;而在无害通过中,军舰能不能无害通过他国领海是有争议的,但无论如何,潜艇如果通过的话,必须浮出水面并展示旗帜。

可见,过境通行是介于无害通过和自由通行制度之间的一种航行制度,比无害通过的规定更加宽松。但是无论是无害通过还是过境通行,外国船舶都不得损害沿海国的利益,危害沿海国的安全。

113. 黑海海峡为什么会有专门的航行制度?

海峡是海洋的咽喉,其中有些海峡比一般的海峡还要重要。与一般的海峡不同,这种海峡多是一些构成世界性海洋通道的重要海峡,但是宽度较窄,两岸属于一国或分属多国。比如连接地中海、马尔马拉海和黑海的达达尼尔和博斯普鲁斯海峡就是这样。人们往往把达达尼

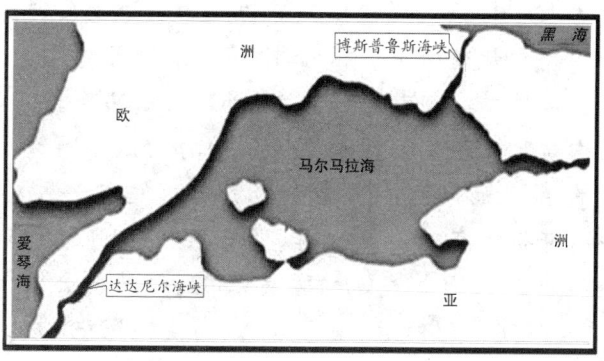

黑海海峡

尔海峡和博斯普鲁斯海峡以及夹在这两个海峡之间的马尔马拉海统称为黑海海峡,该海峡的两岸属于土耳其。黑海海峡不仅是连接地中海和黑海的唯一海上通道,而且还是亚洲和欧洲的分界线,地理位置非常重要。类似重要的海峡还有连接大西洋和太平洋、位于南美洲南端的麦哲伦海峡;连接地中海和大西洋、地处非洲和欧洲之间的直布罗陀海峡;沟通波罗的海和北海的松德海峡和大、小贝尔特海峡;等等。

对于这样的海峡,一旦沿海国禁止别的国家的船舶通行,就会使世界的航运受到严重的危害。可是如果沿海国对海峡的使用听之任之,也可能会损害沿海国的利益和安全。为了协调沿岸国家和其他一些国家的利益,在历史上,也出现了一些专门的公约,对这些海峡的地位和通行制度进行了专门的规定,这些海峡就有了专门的使用制度。

114. 钻探船可以在大贝尔特海峡自由通行吗?

大贝尔特海峡是进出波罗的海的一个重要通道,它的沿岸属于丹麦所有。根据1857年欧洲各海洋国家和丹麦签订的《哥本哈根条约》,大贝尔特海峡实行各国商船自由航行的原则。芬兰是波罗的海的沿岸国家,该国于1972年开始建造钻探船和打油机井,大多数钻探船和打油机井将要在建造好后通过该海峡航行到工作地点。可是后来,丹麦计划建造横跨大贝尔特海峡的公路、铁路桥,桥一旦建造好以后,超过65米高度的深吃水船舶将永远不能通过海峡进出波罗的海了。芬兰的这些钻探船和打油机井也会因此无法通过。于是,为了维护自己的通行权利,芬兰于1991年向国际法院对丹麦提起诉讼。

大贝尔特海峡大桥

这个案子既有趣,又棘手。对于法院来说,问题在于芬兰的那些特殊的"船舶"在大贝尔特海峡有没有自由通行的权利?丹麦认为芬兰的这些超过170米的"建造物"不是船舶,没有自由通行权。的确,有关的条约虽然提到商船有自由通行的权利,但并没有涉及钻探船、打油机井等这些特殊的"船舶"。由于没有现成的规定,于是只能通过两国之间的长期实践形成的习惯规则来做出判断。国际法院认为,自1972年以来,芬兰的这种船舶一直通过大贝尔特海峡进出波罗的海,丹麦从没有表示过反对,因此可以认定丹麦默认了芬兰的这些特殊船舶有自由通过海峡的权利。芬兰的主张得到了支持。后来两国通过协商解决了这个争议。

115. 什么是专属经济区？

靠山吃山，靠海吃海，对于沿海国来说，海洋是许多自然资源的重要来源地。随着人类开发海洋的能力逐渐增强，人们对沿海水域提出了更多的经济方面的权利要求，主张建立专属于沿海国的海洋经济区，于是在领海和毗连区制度以外，又出现了专属经济区制度。

海洋水产品

那么，什么是海洋专属经济区呢？专属经济区是领海以外并邻接领海的一个区域，它的宽度从测算领海宽度的基线量起，不超过200海里。在专属经济区内，沿海国享有对这一区域的自然资源的专属权利和管辖权，其他国家则享有航行权、飞越权以及铺设海底电缆和管道的权利。所以，对于沿海国来说，在这一区域里，仅仅是经济方面的权利属于沿海国，而不是说沿海国对这一区域有完全的主权。

早在《联合国海洋法公约》制定以前，一些拉美国家就曾主张离岸200海里的经济权利，但是没有用专属经济区这样的概念。第一次提出专属经济区概念的是非洲国家。在1972年的非洲国家海洋法会议上，非洲国家主张有权在领海以外设立一个经济区。肯尼亚在同一年还向联合国递交了一份《关于专属经济区概念的草案》。专属经济区概念的提出反映了广大发展中国家希望扩大对沿海自然资源权利的要求，因此受到了发展中国家的支持。

116. 专属经济区是公海还是领海？

沿海国对于自己的沿海水域有一定的管辖权，可是，沿海国对于海洋的权力范围究竟有多广呢？这曾经是第三次联合国海洋法会议上争论最激烈的问题。一些拉美国家提出了200海里海洋权的问题，主张领海的宽度应扩大为200海里，这些发展中国家重视的实际上是这一区域的经济权利。而美国、前苏联等海洋大国则坚持领海以外是公海。后来，领海宽度的问题解决了，争议的焦点也就转移到领海以外一带海域的经济权利的划分问题上，并最终确立了专属经济区制度。

其实，专属经济区既不同于领海，又不同于公海，专属经济区制度是《联合国海洋法公约》确立的一项介于领海制度和公海制度之间的海洋法制度。沿海国对在领海以外的专属经济区没有主权，其他国家在这个区域内有航行、飞越等和公海自由类似的权利。不过，这些国家在行使这些权利和自由的时候必须顾及沿海国的利益，沿海国有权为了自己在该区域内的经济权利和安全进行必要的管理。所以，不能笼统地说专属经济区实行的是公海自由的制度。

117. 专属经济区制度是"对公海的分割和掠夺"吗？

专属经济区制度的形成是有一段曲折的发展史的。这与拉美国家反对海洋霸权、争取200海里海洋权的斗争分不开。

1947年，智利发表声明，宣布凡距离智利海面200海里以内的海域均属智利国家主权的范围，由智利实行保护和控制，其他国家在这一海域有公海航行自由权。后来，一些拉美国家签署和发表了相应的宣言，确定国家有权划定海洋主权或管辖权的范围，并适用200海里海洋区域的名称，宣布对这一区域享有专属主权和管辖权。而非洲国家则正式提出了专属经济区的概念。拉美和非洲国家的这些主张得到了其他很多国家，特别是发展中国家的支持。美国等海洋大国起初坚决反对200海里经济区的主张，认为这是"对公海的分割和掠夺"。但在双方的斗争和妥协中，专属经济区制度终于还是在《联合国海洋法公约》中建立起来了。对于海洋力量不强的发展中国家来说，为了保护沿海国的利益，建立专属经济区制度是必要的，这有利于平衡发展中国家与其他海洋大国的利益关系，而不能认为是对公海的分割和掠夺。

118. 专属经济区内有哪些专属的经济权利？

专属经济区，顾名思义，沿海国在这个区域内有专属的经济权利。一般来说，沿海国在专属经济区内的权利与义务基本上与自然资源和经济活动有关。沿海国在该区域内有勘探和开发、养护与管理海床和底土及其上覆水域的自然资源的权利，而不管是生物资源还是非生物资源。未经沿海国的同意，其他国家不得对其进行开发和勘探。沿海国可以在专属经济区内建造和使用人工岛屿等设施，进行海洋科学研究，保护海洋环境，并对这方面的事务进行管辖。沿海国在专属经济区内行使权利的时候，也有义务顾及其他国家在经济区内的权利和义务。在这个区域内，其他国家也有航行等方面的自由。

119. 怎么保护大麻哈鱼？

专属经济区里有丰富的渔业资源，可是过度的捕捞也会给这些资源带来损害，所以有必要对渔业资源进行养护。海洋里有许多鱼，其中很大一部分生活在沿海一带的专属经济区里。不过，有些鱼也不只生活在海里，有的鱼类，比如大麻哈鱼，在需要产卵繁殖的时候，就会成群结队地游回内河，甚至还要沿着内河逆流而上。除了大麻哈鱼、鳟鱼等这些溯流性鱼种以外，还有一些随季节回游的鱼种，

大麻哈鱼

像金枪鱼、鲳鱼等，它们可不管专属经济区这些人为划定的区域，它们的活动范围常常超出经济区之外，就生活在各个专属经济区之间，或专属经济区和公海之间。这对

沿海国来说,如何进行养护就成了问题。怎样来保护像大麻哈鱼这样的生物资源呢?

从表面上看,专属经济区内的生物资源属于沿海国所有,沿海国如何使用和养护属于沿海国主权范围之内的事情,国际公约也没有必要做出统一规定。可是考虑到前边所说的这种情况,沿海国采取的措施会直接影响到某种生物资源的状况,进而会影响到其他众多国家利益。因此,要妥善地保护这些生物资源,就需要各个沿海国和其他国家之间互相配合和合作,采取统一的措施,协调行动。而要做到这一点,就必须在国际公约里做出统一的规定。

120. 如何养护专属经济区内的生物资源?

海洋里的生物资源如果不加以养护,也会受到损害的。为了更好地养护专属经济区内的生物资源,避免出现杀鸡取卵、竭泽而渔的情况,《联合国海洋法公约》作了相应的规定,要求沿海国应决定自己专属经济区内生物资源的可捕量,并应参照最可靠的科学证据,通过正当的养护和管理措施,确保经济区内生物资源不受过度开发的危害。如果同一种群或有关联的鱼种的几个种群出现在两个或两个以上沿海国的专属经济区内,或者既出现在专属经济区内又出现在专属经济区外的邻接区域内,有关的这些国家应进行合作,设法达成协议,采取必要措施,确保这些种群的养护和发展。另外,对于一些特殊的鱼种和生物,比如一些海洋哺乳动物、高度回游的鱼种、溯河产卵鱼种等,沿海国应制定相应的规定,并与其他国

海洋权益

家进行合作,采取更为严格的管制措施。

121. 为什么会有专属渔区?

在领海内,沿海国当然有专属的经济权利,自然也包括捕鱼的权利。那在领海以外的情况又是怎样的呢?历史上,在专属经济区制度还没有建立以前,由于公海捕鱼是自由的,在领海以外的区域,任何国家都可以进行捕鱼活动。不过,捕鱼的区域主要还是集中在近海。据估计,海洋的渔业资源有90%都集中在沿海200海里的范围内。于是,为了争夺近海的渔业资源,在第二次世界大战以后,一些国家开始主张对沿海渔业资源的优惠权,并开始建立专属渔区,拒绝或限制外国船舶在这些区域的捕鱼活动。

专属渔区就是沿海国在领海以外划定的一定范围的水域,在这个水域内,沿海国有专属的渔业方面的使用和保护等管辖权。后来,随着专属经济区制度的建立,对于有专属经济区的国家来说,专属渔区就包括在专属经济区以内了。由于专属经济区必须经过沿海国的宣告才能建立,所以对于那些没有宣告建立专属经济区的国家来说,也会通过建立专属渔区来保护自己的经济利益。这样的做法和专属经济区的制度要求实际上是不矛盾的。按照对专属经济区范围的要求,专属渔区的范围也不能超过从领海基线量起200海里。

122. 专属渔区制度是怎么产生的?

沿海国建立专属渔区,是为了保护自己的利益。"二战"后,美国便提出建立自己的专属渔区。不过在那时,统一的领海宽度标准还没有建立。在1958年的第一次联合国海洋法会议和1960年的第二次联合国海洋法会议上,为了反对12海里领海宽度的主张,美国提出了自己的观点,主张领海宽度应当是6海里,但是另外6海里应当是沿海国的专属渔区。这个观点没有得到普遍的同意。不过在此以后,一些国家相继建立了自己的渔区,不少国家的渔区范围就是从领海基线量起12海里。

1960年以后,人类的远洋捕捞的水平迅速提高,随着捕鱼业的发展,渔业资源有枯竭的危险,沿海国为了保护本国的利益,主张扩大本国的渔区。例如,冰岛就曾于1972年将12海里渔区扩大为50海里渔区。后来,领海宽度确定了,专属经济区的制度也被提出来了,许多国家宣布了200海里的专属经济区或200海里的专属渔区。这样,各国设立的专属渔区制度的内容和专属经济区制度相关的内容就协调一致了。

123. 为什么会有"鳕鱼战争"?

在专属经济区制度建立以前,一些沿海国就已经很重视在沿海水域捕鱼的经济权利了。北大西洋地区的海域,渔业资源相当丰富,冰岛、英国和德国都在这一带进行捕鱼活动。而且冰岛周围就是一个广阔的渔场,英国和德国的渔船长期以来一直在这里捕鱼。1958年,在领海宽度应当是多少的问题还没有解决的时候,当时冰岛就宣布了12海里专属渔区,取代原来的4海里专属渔区。这引起了英国和德国(指当时的联邦德国)的反对,导致它们与冰岛之间发生剧烈冲突,渔场上时常发生冲突事件,这被称为"鳕鱼战争"。

1961年,英国、德国和冰岛分别达成了一个与捕鱼有关的协议。根据协议,英国、德国承认冰岛12海里渔区的主张,英国、德国在冰岛周围海域捕鱼的时候要遵守冰岛渔区的规定。不过,按照协议,冰岛还可以继续执行扩大渔业管辖权的决定,但如果这种扩大导致与英国、德国发生争议,经任何一方请求,应提交国际法院解决。这种情况终于还是发生了。

鳕鱼

1971年,冰岛政府宣布终止与英国的协议,将专属渔区管辖权扩大到50海里,从而又一次引起与英国和德国有关捕鱼权的争议,并引发了"第二次鳕鱼战争"。

这场渔业纠纷说明,时代的发展使国家对海洋经济利益更加关注了,专属经济区制度的建立看来是相当必要的。

124. "鳕鱼战争"是怎样平息的?

英国、德国和冰岛之间由于捕鱼权的争议而发生了所谓的"鳕鱼战争",冰岛将专属渔区管辖权的范围从12海里扩大到了50海里,而英国和德国则不同意这种做法。为了解决与冰岛之间的渔业纠纷,英国、德国便向国际法院提出了诉讼,而冰岛不愿意参加诉讼。在诉讼中,英国对冰岛12海里内的专属渔区没有争议,也承认在12海里以外的有争议的海域冰岛有优惠的捕鱼权利。但是,由于英国渔船在冰岛水域捕鱼的历史很长,冰岛扩大渔区,会导致英国的许多捕鱼活动将终止,这将对英国的经济及人民的生活造成不利的影响。

国际法院最终支持了英国和德国的观点。按道理,根据公海自由的观点,在专属渔区以外任何国家都有捕鱼的权利,冰岛单方面扩大渔区的做法没有法律依据。不过,在那时,在专属经济区制度还没有建立起来的时候,海洋法正在不断地发展,扩大沿海国的渔区以及沿海国的经济权利是一个新趋势。考虑到这些情况,法院认为,应当协调冰岛的优惠捕鱼权和英国、德国的传统捕鱼权,冰岛无权阻止英国、德国的渔船进入1961年双方同意的12海里外的海域,而英国、德国也要顾及冰岛在这一海域的权利。双方应当通过谈判的方式解决问题。根据国际法院的意见,这几个国家努力寻求解决矛盾的办法。后来,随着专属经济区制度的提出和建立,这些国家通过协商解决了纠纷。

125. 在外国的专属经济区内能不能捕鱼?
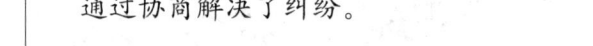

一般来说,专属经济区内的生物资源和非生物资源属于沿海国所有,沿海国有开发和利用的权利,未经沿海国的允许,其他国家不能进行捕鱼等活动。可是为了促进经济区内生物资源得到最大限度的利用,在沿海国没有能力捕捞全部可捕量的情况下,应当准许其他国家捕

捞可捕量的剩余部分。当然,为了专属经济区所属国的利益,在专属经济区内捕鱼的其他国家的国民应遵守沿海国的法律和规章,执行有关的养护措施。

在英国、德国和冰岛渔业权纠纷一案中,法院的判决就体现了这一点,判决所采用的原则后来就反映在专属经济区制度里面。根据这种观点,在确定沿海国在专属经济区内的权利的同时,如果沿海国没有能力捕获全部可捕量,就应准许其他国家捕获可捕量的剩余部分。在这个问题上,沿海国要考虑历史上在专属经济区内进行捕鱼等活动的那些渔民所属国家的经济利益。

126. 内陆国是否可以到别国海区捕鱼?

内陆国是指没有海岸线、不沿海的国家,比如瑞士、蒙古这样的国家。此外,有的国家虽然是沿海国,但是属于"地理不利国家"。根据《联合国海洋法公约》的规定,这种国家是指由于地理条件的限制,使得国家依赖于相关地域的其他国家的专属经济区内的生物资源、也就是说,它们是只有开发别国专属经济区内的生物资源,才能满足本国人民营养需要的沿海国家。

那么,内陆国和地理不利国家是否有权参与沿海国专属经济区的自然资源的开发和分享呢?这个问题在第三次海洋法会议上由于各国利益的不同而引起了争论。经过反复协商和争论,以及各方的让步,终于达成了协议,使内陆国和地理不利国家在通过各种协议的基础上,也有权参与开发相关区域的沿海国经济区内生物资源的适当剩余部分。

127. 人工岛屿也有领海吗？

为了勘探、开发、养护和管理专属经济区的自然资源，沿海国在专属经济区内也是可以建造和使用人工岛屿等设施的，沿海国对这种人工岛屿等设施有专属管辖权，包括海关、财政、卫生、安全和移民等各个方面。

人工岛

那么，人工岛屿等设施是不是像自然形成的岛屿一样有自己的领海呢？如果人工岛屿真的也有领海的话，那么，沿海国就可以人为增加自己管辖的海域了。所以，为了照顾其他国家的船舶在经济区内的航行便利和其他权利，《联合国海洋法公约》规定，人工岛屿以及其他的类似设施和结构不具有岛屿地位，它们没有自己的领海，它们的存在也不影响领海、专属经济区或大陆架界限的划定。

128. 大陆架的宝藏属于谁？

大陆架是近海的海底区域。按照地质结构的分类，整个地球分为大陆地壳和大洋地壳两种，这两者之间有一个过渡带叫作大陆边。在这一带，陆地沿岸缓慢向深海倾斜，逐渐加深，而到了某一点后，倾斜度显著增大，最后融入海洋的底部主体。实际上，大陆边由三个部分组成，包括大陆架、大陆坡和大陆基。大陆架就是指邻接和

海洋权益

围绕大陆领土,坡度比较平缓的浅海地带,它是陆地的自然延伸。大陆架被海水覆盖,好像是在海洋中托住大陆的支座一样。

大陆架这一海底区域蕴藏着丰富的资源,而且它上面的水域属于浅海地区,相对于深海地区更容易开发,把大陆架称为自然资源的宝库是再恰当不过了。大陆架上的固体矿物种类繁多,蕴藏量丰富,主要有煤、铁、金、银、钻石等等,这些固

大陆架示意图

体矿物多数是陆地矿藏的延伸,许多有很大的开采价值。另外,大陆架还是石油和天然气的重要储藏地。

对于大陆架这个海洋资源宝库,它应当属于哪个国家呢?以前大家没有注意到这个问题,但随着科技和经济的发展以及陆地资源的日益紧张,大家也开始重视这个问题了。不管怎样,大陆架毕竟是沿海国陆地的延伸,大陆架上的资源当然归沿海国所有。

129. 大陆架法律制度确立的标志是什么?

在以前,人们认为,一个国家对领海之内的海床及其地下层有完全的主权,而在领海之外的海床及其地下层适用公海制度。可是,早在19世纪,一些国家就已经注意到了近海海底资源了,并提出了权利要求。大陆架很

重要,不过在1945年以前,大陆架并没有作为一个明确的法律概念被提出和正式确立。

前美国总统杜鲁门

直到1945年9月28日,美国总统杜鲁门发表了《关于美国对大陆架底土和海床自然资源的政策宣言》。该宣言宣布:处于公海下,但毗连美国海岸的大陆架的底土和海床的自然资源属于美国,受美国的管辖和控制。这个宣言就称为杜鲁门公告。杜鲁门公告成了大陆架法律制度确立的开端和标志。结果,在美国的影响下,一些国家纷纷发表类似的声明,提出对邻接海岸线的大陆架及其自然资源的权利主张。最终导致在《联合国海洋法公约》中明确规定了大陆架的法律制度。

130. 法定的大陆架范围有多大?

从地质地理的角度而言,由于地理状况的不同,不同海域的大陆架的范围也会有所不同,这取决于大陆向海洋自然延伸的程度,所以,陆地向海洋自然延伸的程度比较小的国家的大陆架面积就会很小。于是,在讨论确定大陆架的范围的时候,这些国家就希望考虑到它们的利益,扩大大陆架的范围。

经过协商,《联合国海洋法公约》给大陆架确定了一个法律上的概念,也就是说,沿海国的大陆架包括领海以外陆地领土的全部自然延伸,一直扩展到大陆边外缘的海床和底土。但是如果是从测算领海宽度的基线量起到大陆边的外缘距离不到200海里的,则可以扩展到200海里的距离。这说明,法律上的大陆架的概念是以地理上的大陆架的概念为基础的,但是两者又不一样,当大陆架实际距离窄于200海里的时候,还可以按照规定扩展到200海里,这样就照顾到了窄大陆架国家的利益。

131. 如何确定大陆架的外部界限?

如何确定大陆架的外部界限是很重要的,这关系到沿海国的切身利益。在海洋法里,确定大陆架的外部界限有两种情况,一种情况是,如果大陆架的全部自然延伸不到200海里时,可以扩展到200海里。如果全部自然延伸超过200海里,那就是另一种情况了。这种情况下,应当按照大陆架自然延伸的情况来定。不过,如果大陆架自然延伸的程度非常大,大陆架的范围也会非常大,为照顾其他国家的要求,平衡各方的利益,法律规定,这种情况下划定的大陆架外部界线的各定点,不应超过从测算领海宽度的基线量起350海里的地方,或不应超过2500米等深线以外100海里。而且沿海国在超过200海里部分开发石油和其他非生物自然资源的收入还应与国际社会分享。

132. 沿海国对大陆架的权力有多大?

对于沿海国来说,大陆架和沿海国其他领土的地位是不同的。沿海国对大陆架有专属的主权,但只能是为了勘探和开发自然资源的目的而行使权利。即使沿海国没有进行勘探大陆架或开发大陆架的自然资源的活动,其他任何人未经沿海国明确地同意,也不得从事这种活动。而且这种权力是固有的,原本就存在的,不用另行宣告或采取什么占领行为来表明。沿海国可以在大陆架开发自然资源,建造、使用和管理人工岛屿等设施,沿海国还有权授权和管理在大陆架上进行的各种钻探活动。但应该明确的是,这些权利只适用于200海里以内的大陆架区域,如果沿海国对200海里以外的大陆架进行非生物资源的开发,应当向有关的国际机构缴付费用或实物。

133. 大陆架和专属经济区的范围有什么区别?

大陆架和专属经济区都与沿海国的经济权利有关,而且在地理位置上有密切的联系。大陆架是近海的海底部分,而专属经济区主要是指近海的水域。大陆架的上覆水域大部分属于专属经济区,但是从范围上严格地来说并不完全一致,专属经济区的外部界限是离领海基线

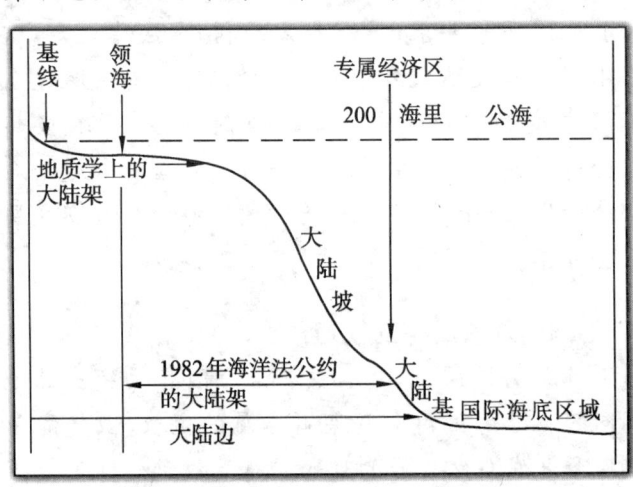

大陆架与专属经济区示意图

200 海里的一条线。而大陆架的外部界限有可能超过离领海基线 200 海里的位置,甚至可以到达 350 海里的位置。实际上,这两种区域的法律制度也不同。一个重要的区别就是,大陆架上的权利是沿海国所固有的,无须经过宣告和实际的占领等方式来取得;而专属经济区作为一个海域,沿海国必须通过宣布建立专属经济区来获得对这一地区的权利,如果没有宣告,领海以外的这部分海域仍然属于公海的一部分。

134. 外国在别的国家大陆架上可以做什么?

大家已经知道了,外国在沿海国的大陆架上经沿海国的同意后可以进行勘探和开发活动,也可以在大陆架上铺设海底电缆和管道。但在大陆架上覆水域和上空又有什么权利呢?根据海洋法公约的规定,沿海国对大陆架的权利不影响上覆水域或上空的法律地位。在离海岸 200 海里以内的水域,由于属于专属经济区的范围,各国船舶和飞机通过和飞越的时候,要顾及沿海国的权利,特别是经济方面的权利,遵守沿海国的法律和规章,沿海国也不能妨害这种航行和飞越的自由。而在离海岸 200 海里以外的水域和上空,则适用公海自由的制度,所以,不能笼统地说大陆架上覆水域和水域上空的法律地位和公海的法律地位是一样的。

135. 怎么解决大陆架的划界纠纷?

如果大陆架周围有不止一个国家,某部分大陆架到底属于哪个国家就容易出现争议,这就需要为大陆架划界。一般来说,当大陆架的宽度足够宽的时候,是不会发生划界问题的。但是如果两国相邻,或者两国相向,而且大陆架宽度比较窄,就会出现大陆架的划界问题。解决这个问题,需要双方协商,签订协议。如果没有协议,也没有其他特殊情况,一般应当按照等距离中间线原则来平分大陆架。因为在一般情况下,等距离中间线原则往往是最公平、最合适的。但这不是解决所有大陆架案件的唯一办法,因为有些时候采用这种方法可能仍然不够公平,这就有必要寻找更加公平的办法来解决。所以,不管如何解决纠纷,都要考虑具体情况,做到公平合理。

136. 怎样确定大陆架划界的中间线?

大陆架是大陆向海洋的自然延伸,而大陆上往往有很多国家,因此,可能会发生大陆架的归属问题。一种情况是两个国家海岸线相连,也就是相邻国家的大陆架划界问题,比如美国和加拿大就有这种情况;另一种情况是两个国家隔海相向,也就是相向国家的大陆架划界问题,比如在英国和法国之间就是这样。为解决这些问题,出现了中间线的办法,根据这个办法,如果有争议的国家之间没有协议或其他特殊的情况,大陆架的疆界应当是与测量各国领海宽度的基线最近点距离相等的一条线,这条线就是中间线。从这条线向争议国家的领海基线算起,两侧距离相等。实际上,很多大陆架的纠纷都可以用这个办法解决。

137. 大陆架是否可以人为切断?

解决大陆架划界争议有几种不同的方法,有人就主张采用自然延伸的办法。按照这个办法,大陆架应当属于延伸它的大陆,这个陆地属于哪一个国家,大陆架也就属于这个国家。因为大陆架的产生就是大陆向海洋自然延伸的结果,这是从国家主权的原则引申出来的。反过来,如果某一部分大陆架不是该国陆地领土的自然延伸,那么这个国家就不能拥有对这部分大陆架的权利,否则就等于人为切断了大陆架的自然延伸。这种观点是很有道理的,但是对于大陆架较窄的国家是不利的,这些国家往往不同意这个观点。

138. 怎样公平地划分北海大陆架?

我们这里所说的北海,是指位于欧洲西北部的北海。荷兰、丹麦和德国是北海的沿海国,三国海岸线相邻,其中德国位于两国之间。北海的大陆架有丰富的石油资源,为了划定三国的大陆架范围,荷兰、丹麦结为一方,德国为另一方,双方发生了不少分歧。荷兰和丹麦认为,应当按照等距离中间线原则划定大陆架的界限,因为这个规则是有关国际公约规定的国际法习惯规则。而德国认为,由于

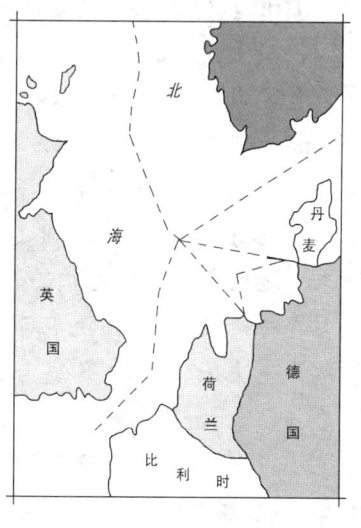

北海大陆架划分示意图

德国的海岸线是凹入的,用中间线的办法划界,会使得德国和荷兰大陆架的分界线与德国和丹麦大陆架的分界线

会合,德国的大陆架就会成为一个非常小的三角形,这是极为不公平的。

后来,双方将案件交由国际法院审理,国际法院认为,划定边界应当按照公平原则,并考虑具体的情况来解决,等距离中间线的做法在本案中是不公平的,而且,等距离中间线规则并不是被普遍接受的国际法习惯规则。于是国际法院驳回了荷兰和丹麦的论点。国际法院的这个观点确立了划定大陆架的公平原则。后来,三国通过谈判达成了协议,德国的大陆架因此有了很大的增加,争端便解决了。

139. 中间线就是"公平线"吗?

一般来说,在对某个区域划界的时候,用中间线可以把整个区域平分,这看起来是很公平的。在以往,人们之所以认为等距离中间线的方法是解决大陆架纠纷的重要方法,也是因为在一般情况下,这种方法是最公平的。但是发生在荷兰、丹麦和德国之间的北海大陆架案中,由于特殊的地理条件,这种看似公平的方法却变得不公平了。对于这种情况,国际法院在审理这个案子的时候就指出,划界的先决条件是按照公平原则,通过谈判达成公平合理的协议。大陆架必须是本国陆地领土的自然延伸,而不能侵占别国领土的自然延伸。虽然在一般情况下,等距离中间线的方法是公平的,但是考虑到本案的具体情况,应当采用更加公平的方法来解决纠纷。所以,中间线不一定就是"公平线"。

140. 国际法院解决的第一个大陆架划界案是哪一个?

国际法院曾经解决了好几个大陆架划界纠纷的案件,其中包括突尼斯和利比亚大陆架案、利比亚和马耳他大陆架案以及北海大陆架案。另外英国和法国之间也曾经发生过大陆架纠纷,不过两国是通过临时仲裁庭仲裁解决的。在这些案件中,北海大陆架案是第一个通过国际司法程序解决的大陆架纠纷案,国际法院对这个案件进行了审理和判决。北海

突尼斯与利比亚地图

大陆架案的判决,特别是用公平原则解决纠纷的主张,对以后的类似案件产生了重大的影响。在这个案件中,判决明确了大陆架是沿海国陆地领土在海洋底下的自然延伸,说明自然延伸是大陆架法律规则中最基本的原则。

141. 公海的概念是怎样产生的?

公海是指各国内水、领海、群岛水域和专属经济区以外,不受任何国家主权管辖和支配的海洋的所有部分。同其他海域相比,由于公海面积巨大,它实际上是海洋的主要部分。

实际上,公海的概念也有一个发展的过程。1958年《公海公约》规定,公海是指不包括在一国领海或内水内

的全部海域。现在看来,这个概念已经过时了,因为那时还没有准确定义领海宽度。领海的界限不统一,公海的范围也就难以确定。而且那时还没有确立专属经济区、群岛水域等制度,所以公海的面积还是比较大的。后来,其他海域的相关制度建立了起来,公海的范围也就相应地缩小了。公海的概念和范围的变化,反映了由于科学的发展使得人类利用海洋的能力加强了,同时也引起了海洋法的发展变化。

142. 公海是各国共有的海吗?

公海,从字面上看是公共的海。实际上公海不属于任何国家管辖和支配,在其他水域内,沿海国要么有完全排他的主权,要么也会有经济等方面的部分权利。而公海则是任何国家都不能占据的,而且,所有国家在公海上都有一定的权利和自由。公海是全人类的共同财富,属于全世界人民所共有。

在历史上,人类一直在海洋上进行航运、捕鱼等活动,自由地利用公海已经成为一种大家都承认的原则,形成了一项国际法制度。公海成为全人类共有的海是与社会的发展和人类利用海洋的需要分不开的。

143. 什么是公海自由?

很早以前,荷兰的法学家格老秀斯就提出了海洋自由的观点,这为以后公海自由原则的建立奠定了基础。根据公海自由的原则,公海对所有国家开放,不论是沿海国或是内陆国。在海洋法公约和其他国际法规则所规定的条件下,各国均有平等行使各种公海自由的权利。侵犯公海自由原则是违反国际法的行为。

所谓的公海自由是不是就是没有任何约束的、无限的自由呢？这一点，海洋法公约中有明确的规定。公海自由是有一定范围的。公海自由的内容包括6项：航行自由、飞越自由、铺设海底电缆和管道的自由、建造国际法允许的人工岛屿和其他设施的自由、捕鱼自由以及科学研究的自由。历史上，公海自由的原则起初主要只限于航行自由和捕鱼自由；

古老的航海活动

而到了19世纪70年代，随着航空器的出现，又提出了公海上空的飞行自由问题。此后，1958年的《公海公约》才提到了前4项自由，后来的《联合国海洋法公约》才扩大为现在的6项。公海自由内容的扩大是与人类认识公海、开发利用公海的能力不断加强分不开的。

144. 公海真的是完全"自由"的吗？

天高任鸟飞，海阔凭鱼跃，大海好像是自由的天地。可是任何自由都不是不受限制的，都不是绝对的，公海自由也是如此。公海自由的内容无论如何变化，都不能违背各国人民的共同利益，不能违背国际法的基本原则。人类对公海的利用只能用于和平的目的，这是一个总的原则和要求。

实际上,公海并不是自由自在的天堂。虽然海洋法公约规定了6项自由,但是这6项自由也不是完全"自由"的,每一项公海自由也都有它自身的规则,比如公海航行自由中,船舶要遵守航行的规则,要悬挂船舶所属国的国旗等等;公海捕鱼自由中,捕鱼活动要在水域、鱼种、捕捞方法等方面受到限制,各国还有保护各种动物,养护公海生物资源的义务,等等。公海不属于任何国家管辖,那么犯了罪,逃到公海上是不是就可以逍遥法外、没人管了呢?其实,公海也不是谁都不能管的地方,也有相应的规则。

145. 海盗船有没有航行自由?

一切国家的船舶,不论是商船或军用船舶,均有权在公海的任何区域自由航行,除受本国的专属管辖外,其他国家不得加以支配和阻碍,这就是公海航行自由。自古

四处游弋的索马里海盗船

以来,海洋就是一个重要的运输通道,许多国家都很重视航运的建设。现在,海上运输仍然是最重要的一种运输方式。这一切是离不开公海航行自由原则的。

为了保障公海航行自由的真正实现,使各国船舶在公海上平等、安全地航行,国际法上有一些关于航行方面的规则,比如船舶的国籍制度、海上避免船舶碰撞的规则、海上救助的规则等等。实际上,这些航行制度在一定程度上限制了一些船舶的航行,至于某些国籍不明或者没有国籍的船舶,以及进行国际犯罪的船舶,比如海盗船,根本就谈不上什么公海航行自由了。所以公海虽然是自由的,但并不是说任何船舶都可以在公海上不受约束地、自由随意地航行。

146. 船舶有没有自己的国籍?

一般来说,人都有自己的国籍,有了哪个国家的国籍,这个人就要遵守哪个国家的法律,该国也会对这个人进行保护和管辖。不过,如果一个人有几个国家的国籍,或者根本就没有国籍的话,就会产生很多麻烦和纠纷。所以,国家在制定法律的时候会考虑避免无国籍和多个国籍的情况出现,以最终确立某个人的法律地位。

那么,船舶要不要有自己的国籍呢?为了便于管理船舶,使它符合安全航行的条件,确定管辖的依据,船舶也是要有自己的国籍的。在公海更是如此。实际上,公海航行自由只是悬挂一个确定国家旗帜的船舶所能享有的自由,不悬挂国旗的船舶是不能在公海上自由航行的。船舶的国籍是船舶的身份证明,如果各国在公海上航行的船舶都没有国籍,任何船舶都处于无法辨明身份、无人管辖的状态,公海航行安全就会受到威胁,公海的法律秩序将难以维持,也就不会有什么真正的公海航行自由了。

147. 什么是船舶的船旗国?

在体育比赛场上,大家会清楚地看见运动员和观众挥舞着自己国家的国旗,高声呐喊,加油助威,甚至运动员穿的运动衣上也印有国旗的图案,这让人们一看就知道是哪个国家的运动员在比赛。同样,在海上航行的船舶也要悬挂自己国家的国旗,表明自己的身份。人们把这种旗帜叫作船旗。

悬挂国旗的中国渔政船

船舶要悬挂国旗,首先要具备这个国家的国籍。船舶应有自己的国籍,不过,同确立人的国籍一样,哪些船舶有什么样的国籍,也只能由这个国家自己来确定。国家可以根据国内的法律,来决定某船舶能不能有自己本国的国籍。对于给予船舶国籍、船舶进行登记、船舶悬挂某国旗帜等问题,各个国家都有相应的法律。在符合要求的情况下,船舶才可登记为某个国家的国籍,悬挂这个国家的国旗航行,旗帜和船舶的国籍应是一致的。确立国籍后,每个国家还应向船舶颁发有关的文件,以便在公海上证明船舶的身份。对船舶的国籍国,人们也称为船舶的船旗国。

148. 船舶和船旗国是否有"真正的联系"?

每个国家有权自己决定给予船舶国籍并悬挂本国旗帜的条件。不过,各国对给予船舶国籍、进行登记和悬挂该国旗帜的规定和条件各不相同。有的国家只允许完全属于本国公民财产的船舶或属于在本国领土内成立的公司财产的船舶在该国登记并悬挂该国的旗帜;而有的国家就不是这样,它们允许部分属于本国公民财产的船舶悬挂该国的旗帜;还有的国家甚至允许属于外国人财产的船舶悬挂该国的旗帜。

由于各国立法的不同,容易产生船舶国籍的混乱。特别是某些国家在确立船舶国籍的条件时规定得十分宽松,船舶的所有人是外国人,船舶所在的公司是外国公司,船舶上的船员是外国船员,它们也给予本国的国籍。实际上,该国根本难以管理和控制该船,这给船舶的安全航行埋下了隐患,影响了公海上的法律秩序。因此,国际法要求船舶和船旗国之间应当有"真正的联系",这是公海航行自由原则的一项重要内容。

149. 哪些船舶是方便旗船?

一般来说,一艘船舶只应有一国国籍并悬挂该国国旗,而且船舶在哪国登记注册,就具有哪个国家的国籍。可是有一些国家允许本国的船舶在别的国家登记注册,取得别的国家的国籍。而另外一些国家,如巴拿马、利比里亚等,它们对船舶登记条件规定得很宽松,允许外国船舶在本国登记注册,取得本国国籍。这样就出现了船旗国和实际的船舶所属国不一致的现象。这样的船舶悬挂的这种旗帜被称为方便旗,这种悬挂方便旗的船舶就是方便旗船。

方便旗船和方便旗的授予国家之间往往没有真正的联系,这种船舶实际上缺乏船旗国的管辖和控制,甚至有时船舶本身有安全隐患,船旗国也不能及时有效消除。这类船舶常常发生事故,而且发生事故后,也往往没有国家出面进行处理。由于在方便旗的授予国船舶登记注册的费用和税收往往较低,所以,船舶的所有者可以通过悬挂方便旗逃避本国的高税收。所谓的"方便"只是指方便旗船的所有者和方便旗的授予国家之间在经济上的互惠和方便罢了。

150. 方便旗船不方便是谁的过错?

现今有大量的船舶悬挂方便旗,由于它们逃避了正常的船舶检验和安全监督,船舶技术水平降低,容易发生事故。而发生事故后,方便旗船舶的船旗国往往置之不理,使海损事故难以处理,严重扰乱了国际航运秩序。对海上航运来说更没有所谓的"方便"可言。这是谁的过错呢?

对于这种现象,发达国家认为那些船舶登记条件宽松的国家都是发展中国家,因此发展中国家应当承担更多的责任;而有些发展中国家认为方便旗船的船舶真正的所有人多为发达国家的公民或者公司,发达国家对此责无旁贷。总的来说,产生方便旗船舶的原因很复杂,这里面还有发达国家和发展中国家之间的矛盾问题,若想在短期内解决这个问题看起来难度很大。

151. 怎么保障航行安全?

为了保障公海上的航行安全和航行自由,需要有一些航行的规则,采取必要的措施,及时预防和妥善处理海上事故。公海上有航行自由,可是如果没有适当的规则调节和约束公海上的航行活动,听任各国船舶随意往来,那将会一片混乱,后果也不堪设想。

海上航行安全的一个极其重要的问题就是防止船舶碰撞,这里的船舶碰撞不仅包括船舶之间的碰撞,还有船舶与礁石,船舶与流冰,船舶与防波堤、海上人工岛屿以及其他设施的碰撞等。但是船舶之间的碰撞却较为常见,这种碰撞多涉及船舶的配备条件、航行规则的遵守等人为的因素,而且对于巨型油轮等大型船舶而言,碰撞造成的危险显得更加巨大。因此,国际法规定每个国家对船舶应采取必要的措施,使得船舶适合于航行,配备合格的船长和船员,使船舶遵守防止碰撞的规则,才能避免碰撞。

另外,由于海上的风险很大,尽管人们付出了很大的努力，但是航行事故仍然会发生。为了减少与避免生命和财产的损失，从人道主义出发，还应当对航行事故中的遇难者予以及时的救助。那么，关于对海上遇难船只的救助有什么样的要求呢？按照要求，船舶的船长，在不严重危及本船舶、船员或乘客安全的情况下，应当救助在海上遇到的任何有生命危险的人；在得知有遇险者需要救助时，应用最快速度前往救助。在与其他船舶发生碰撞后，对另一船舶、船员和乘客应予以救助，并尽可能地将自己船舶的船名、船籍港和将要停泊的最近港口通知另一船舶。

152. 内陆国有没有公海自由？

内陆国没有海岸，那么，它能不能享有公海自由呢？特别是它能不能享有自由出入海洋的权利和公海航行的自由呢？这在第一次世界大战以前就有争论。世界上有几十个内陆国家，如果这些国家有公海航行自由，那么，它们不就可以像沿海国一样有自己的船舶，悬挂自己国家的旗帜，在公海上航行了吗？这显然需要沿海国的照顾和配合。实际上，早在1921年就出现过一个《承认无海岸国家悬挂船旗权利的宣言》，这个宣言承认在无海岸的国家（也就是内陆国）注册的船舶可以拥有该国的国籍。宣言中还明确指出，德国应当给予捷克斯洛伐克（该国是内陆国，也就是现在的捷克和斯洛伐克）使用汉堡和斯德丁（也就是今天波兰的什切青）这两个港口的便利。后来，内陆国有公海自由这一原则被《联合国海洋法公约》明确下来。

153. 内陆国如何行使公海自由？

实际上，内陆国有公海自由，只是在行使公海自由时要借助于别的沿海国家，通过沿海国来行使这种权利。内陆国的船舶可以在沿海国领土内登记注册，并悬挂一面海洋国家的旗帜在公海上航行。内陆国也可以在公海上行驶悬挂本国国旗的船舶。为了使内陆国平等地享有公海自由，沿海国还应该依据与内陆国之间的协议和有关国际公约的规定，给予内陆国过境的自由，在进出海港和使用海港方面，给予内陆国的船舶和本国船舶或任何其他国家船舶一样的待遇。这样，内陆国也可以和沿海国一样拥有公海航行自由了。同样，内陆国也可以行使公海上的其他自由和权利。

154. 什么是公海捕鱼自由？

公海捕鱼自由是指任何国家或国民都有权在公海上自由捕鱼，不受其他国家的阻碍，公海上的渔业对一切国家开放。

海上的渔业活动有着悠久的历史，并且是沿海国人民重要的生活来源。像日本这样的国家，捕鱼业非常发达，从事捕鱼的人数众多，鱼类是日本人民的主要食品之一，捕鱼业对他们

海上捕鱼

来说非常重要。在历史上,捕鱼活动多在近海区域进行,随着科学技术的进步,捕鱼能力的加强,捕鱼的范围逐渐扩大。特别是由于领海、专属经济区制度的建立,一些海洋大国在别的国家的近海捕鱼受到了限制,于是开始转向到公海这样的深海、大洋去捕鱼,有些国家,比如像俄罗斯、日本,它们的捕鱼活动已经遍及公海的广大区域,这样,公海捕鱼自由就显得非常重要了。但是大量的捕鱼活动使渔业资源受到了不利的影响,公海捕鱼自由也需要受到限制。

155. 海洋渔业资源真的是取之不尽吗?

海洋非常广阔,过去,人们一直认为海洋的资源是取之不尽、用之不竭的,渔业资源更是如此。可是事实证明,海洋的渔业资源不是用不完的,某些海洋动物在一些海域,甚至是大部分海域,数量正大量地减少,有些已经濒临灭绝,比如鲸、海豹、金枪鱼、鲑鱼等。

现在,一方面人类的捕鱼活动越来越频繁,捕鱼的范围越来越广阔,捕鱼的技术也越来越先进,而另一方面,海洋生物的生长周期却不能随之缩短,长此以往,海洋渔业资源将会越来越少。虽然近海的海洋养殖业弥补了海洋资源的不足,但不能从根本上达到保护海洋渔业资源的目的。可见,海洋渔业资源不是取之不尽、用之不竭的,保护海洋生物资源已经刻不容缓了。

156. 为什么大型的工厂船令人担忧?

海洋的渔业资源是有限的,需要进行保护,如果在一切地区、所有季节由各国不加节制地捕鱼,海洋渔业资源就有枯竭的危险。所以有必要限制捕鱼活动,特别是有必要限制公海的捕鱼自由。对于公海而言,由于国家管辖的水域的扩大,尤其是有了专属经济区制度以后,公海的范围缩小了,公海的捕鱼活动却会因此相对增加,因为一国的船舶不能在他国的专属经济区内捕鱼,只好转移到公海上。

另外,捕鱼技术也大大提高了,有的渔船可以开到世界的各个海区,而有的大型工厂船,它们是集捕鱼、加工、储藏、运输等完整设备的大型渔船,它们的捕鱼能力非常强,甚至可以在极深的海洋区域进行捕鱼,这引起了许多有识之士的担忧,长此以往,海洋生态环境也会受到影响。这使得对捕鱼的限制有必要扩展到各个水域和各个鱼种,才不至于使渔业资源枯竭。看来,限制公海捕鱼自由非常必要。

157. 如何限制公海捕鱼自由?

公海捕鱼自由也要受到一定的限制。但最初对捕鱼的限制还只是某些国家制订规则,只限制本国国民的船舶在公海上进行捕鱼活动。从19世纪后半期起,由于各国在某些渔业资源比较丰富的海域捕鱼,相互之间就产生了由于争夺渔业资源而引起的矛盾。为了协调各方面的关系,一些国家之间开始制定一系列关于限制、管理在公海一定区域的渔业资源使用与保护的国际公约和协定。这类的公约和协定种类繁多,有的按地区缔结,有的则按鱼的种类缔结,包括禁止捕鱼的区域、季节、种类和禁止使用的捕鱼方法等各个方面。

现在，各国在享有公海捕鱼自由的同时，也必须受该国所参加的条约义务的限制，各国要承担养护公海生物资源的义务，必要时还要与其他国家合作。对于那些同时出现在别国专属经济区内和公海范围的鱼种的捕捞，有关国家也应进行协商，形成养护这些种群的协议，根据协议再进行捕捞。

158. "科学研究"能不能成为捕鲸的理由？

鲸，是世界上最大的动物，它虽然生活在海里，而且看起来很像鱼，但实际上它是哺乳动物。捕鲸在很早以前就成为一种商业活动了。从广泛意义上说，公海捕鱼自由所涉及的捕捞对象除了鱼类以外，还包括公海内的其他动物，鲸当然也包括在内。

日本捕鲸船在捕鲸

近百年来，由于过度捕捞，鲸已经成为海洋上的珍贵物种之一，面临灭绝的危险。为了建立国际捕鲸管理制度，防止鲸被过度捕杀，1946年，各国在美国的华盛顿签订了一项《国际捕鲸规则公约》，并根据公约的规定，设立了一个捕鲸国际委员会。该委员会将鲸分为三类：第一类是"保全品种"，全面禁止捕杀；第二类是"持续管理品种",严格控制商业性捕杀;第三类是"初步管理品种",允许对特定地区的特定品种进行商业性开发。委员会还规定了开放和禁止捕鲸的季节、地区和鲸种的尺寸限制,以及每个季节的最大捕鲸量、捕鲸工具和船具等。

但是,尽管有了一些国际公约的限制,有一些国家仍不遵守公约的规定。近年来,日本就以所谓"科学研究"为借口继续大量捕鲸,这遭到了各国以及像"绿色和平组织"这样的国际组织的反对。如果各国都这样借口对鲸进行所谓的科学研究而大量捕鲸,鲸的生存环境就可想而知了。在世界上,对鲸的保护任重道远。

159. 公海上空飞行是不是绝对自由?

在公海自由原则中,起先是没有公海上空飞越自由内容的,但随着飞机等航空器的出现,这种自由也跟着出现了。公海上空的飞越自由是直接从公海自由原则引申出来的。公海是自由的,公海的上空当然也是自由的。公海上空飞越自由是指各国的航空器,不管是民用的还是军用的,在公海上均有飞越的自由,除受国籍国管辖外,任何国家对于这种自由不得加以限制或妨碍。当然,与公海航行自由一样,公海上空飞越自由也要遵守一定的规则,这些规则有的与公海航行的有关规则类似,有的则是一些国际航空法的有关国际公约和国际习惯。

160. 怎样保护海底的电缆和管道?

电缆和管道对于人们的通讯与运输有着越来越重要的作用,特别是光缆和电缆的铺设,使人们的通讯联系越来越方便快捷,在互联网出现后,人们感觉就像生活在一个"地球村"一样。

在公海铺设海底电缆和管道已经有百年以上的历史了,这被认为是公海自由的原则之一。不过,为了真正实现这种自由,在公海铺设海底电缆和管道也要有所限制。各国在公海海底铺设电缆和管道的时候,应当顾及已经铺设的电缆和管道。已有的电缆和管道有时可能需要修理,新的电缆和管道在铺设时要考虑和照顾到这种情况,以免增加不必要的麻烦。每个国家都有责任防止破坏和损害海底电缆和管道的事件发生。如果船舶在海上接触并纠缠到海底电缆上时,在确实没有别的办法摆脱的情况下,应当牺牲船上的锚、鱼网或其他渔具,以保护电缆。当然,必要时海底电缆的所有人应该给予赔偿。

161.《联合国海洋法公约》对建造人工岛屿是否有要求?

从20世纪60年代起,建立海上人工岛屿和其他设施的活动迅速发展。那么,为什么要建造这些设施呢?实际上,这些设施的用途非常广泛,一些发达国家建造人工岛屿和类似的其他设施,是为经济、工业、交通、通讯、海洋地质、气象预报、太阳能电站等各方面的工作服务,甚至是用于军事目的,比如用

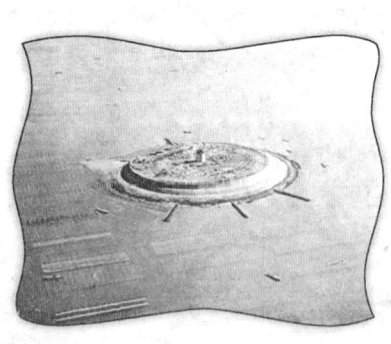

人工岛

于军事演习、试验新武器等。历史上,日本为了申办奥运会,还准备在大阪周围的海上建造人工岛,用作体育运动场馆等设施的建设用地。

同样,在公海上建设人工岛,也有诸如此类的作用。为了规范这种活动,《联合国海洋法公约》在确认各国有在公海上建造人工岛屿和其他设施的自由的同时,也规定了若干具体的原则和要求,如果要建造人工岛屿和设施就要符合这些法律要求。另外,在人工岛和设施周围要设置合理的"安全地带",以保证航行和设施的安全。

162. 公海上发生的事由哪国管?

公海自由,意味着公海不属于任何国家的管辖范围,但并不是说公海上发生的事任何国家都不能管。如果公海上发生的事情谁都不能管,公海的秩序就会乱套了。但是,公海毕竟不属于任何国家,在公海上行使管辖权必定有与国内行使管辖权不同的地方,起码一个国家不能根据属地管辖的原则在公海上行使管辖权。另外,由于有公海自由制度的存在,在公海上行使管辖权还要顾及其他国家的利益,避免引起矛盾和冲突。

那么,一个国家在公海上有哪些管辖权呢?公海上的管辖权可以分为两类:一是船旗国管辖,二是普遍性管辖。在船旗国管辖的情况下,适用船旗国的国内法;在普遍性管辖的情况下,则主要以国际公约的规定作为根据。

163. 国家的管辖权包括哪几种?

提到国家的管辖权,首先应当明确一个国家的管辖权究竟有哪几种。一般来说,在国际法上,国家的管辖权是指国家对其领域内的一切人、物和所发生的事件,以及对在领域外的本国人行使管辖的权利。这样,一国的管辖权就是指属地管辖权和属人管辖权了。这两项管辖权是国家最基本的管辖权,因为任何国家都会有自己的领土和居民。可是随着国际间交往的增加,一些外国人在本国以外侵犯本国的利益,本国要不要管?更有甚者,犯罪的不是本国人,犯罪的地方也不在本国的领土上,但是却危害全人类的利益,比如贩卖奴隶、海盗犯罪,本国要不要管?这些问题用属地管辖和属人管辖制度是不能解决的。其实,上述的两种情况本国也是可以管的,第一种情况是本国可以行使一种保护性管辖权,第二种情况是本国可以行使普遍性管辖权。这样看来,国家的管辖权就总共有了4种类型。

164. 外国人在国外侵犯本国利益怎么管?

保护性管辖权是指什么呢?我们来看这样一种情况,某外国人在该国领域外侵害该国的国家和公民的重大利益,由于侵害者是外国人而不是本国人,侵害发生的地方是国外而不是国内,这样是不是该国就不能管了呢?但又不能不管,因为毕竟侵害的是本国的国家和公民的利益。所以,该国对于这样的行为仍然有权依照本国的法律进行管辖,这就是保护性管辖权。比如某外国人在国外伪造本国的货币,本国就可以用自己的法律管辖,可见这里的保护性管辖权保护的就是本国的利益。

可是,行使保护性管辖权容易和其他的国家发生矛盾,因为去管某一个外国领域内发生的某一个外国人所做的事情,别的国家可能会提出:在我的地盘上发生的事情,不要别人来管。考虑到这种情况,国家在规定保护性管辖权制度的时候会适当地限制这种权力的行使。比如,规定这种管辖只针对对本国危害性较大的犯罪活动。在我国的刑法中就有规定,外国人在中国领域外对中国国家或者公民犯罪,按照我国刑法规定的最低刑为3年以上有期徒刑的,我国就可以依法管辖,但是按照犯罪地的法律不受处罚的除外。

165. 普遍性管辖是指什么都能管吗?

普遍性管辖,从表面上看,就是什么犯罪都可以管的意思,但是各个国家都是平等的国际社会的主体,什么都由一个国家按照它的法律规定来管,其他国家当然不会同意。更何况各个国家的法律规定各不相同,意见是很难统一的。你认为是犯罪的行为,别的国家可不一定这样看。看来普遍管辖不是这样的意思。不过,在国际上确实有一些犯罪普遍地危害国际和平与安全,普遍地危害全人类的利益,比如战争犯罪、海盗犯罪、贩卖奴隶和毒品等,大家都一致认为这些行为是危害性很大的犯罪,如果各个国家的法律规定的管辖的标准不统一,容易使罪犯逃脱制裁。为了对这些犯罪行为进行管辖和制裁,各国便制定国际公约,协商一致,任何国家只要有条件管辖的就可以对上述犯罪进行管辖,而不管这些犯罪行为发生的地点和罪犯的国籍与本国有没有关系。这样就会使罪犯难以逃脱惩罚。这种管辖的原则就是普遍管辖。

普遍管辖制度不考虑属人和属地的因素,管辖的依据是国际公约的规定。普遍管辖的普遍不是所管辖的犯罪行为的普遍性,而是指有权管辖某些犯罪的国家可以是很多个。

这样,为了维护公海航行安全和公海的正常法律秩序,各国对于在公海上发生的违反人类利益的国际罪行以及某些违反国际法的行为就有权进行管辖了。国家在进行这种管辖的时候,一般由军舰或者国家公务船舶来完成。那么,属于公海上普遍管辖的对象主要有哪些呢?它们主要是海盗行为、贩卖奴隶行为、毒品走私行为以及公海上的非法广播行为等。

166. 船旗国怎样管理自己的船舶?

船旗

船旗国就是船舶的国籍国。船旗国管辖是指各国对在其领土内登记并取得该国国籍的船舶以及船上的一切人和物,或者发生的事件所实行的管辖。在公海上航行的船舶,它的船旗国有专属的管辖权。一般来说,当船舶在某个国家领海的时候,如果船上发生了某些违法的事情,一般都应当由船旗国来管辖,影响到沿海国利益的个别时候沿海国也

海洋权益

会管。可是如果船舶在公海上,就只能由船旗国自己来管了。比如,我国国籍的某艘船舶正在公海上航行,如果这时船舶上发生了盗窃、伤害等违法犯罪事件,我国就有权按照我国的法律进行处理。

167. 船旗国管辖原则是怎么产生的?

按照船旗国管辖的原则,一般地,对于一个国家来说,如果船舶是我的,只要不涉及别的国家的利益,我当然有权对船舶进行管辖。那么,船旗国管辖权是怎么来的呢?它产生的依据是什么呢?

国家最基本的管辖权就是属地管辖权和属人管辖权。于是有人根据船舶这种特殊情况,认为船旗国管辖原则是国家的属人管辖权或者叫国籍管辖权的一种体现。因为船舶就像一国的公民一样有本国的国籍,因而也应像本国的公民一样受本国的管辖。也有人认为船旗国管辖权是国家的属地管辖权的一种体现,依据是把船舶当作国家领土的一部分,这样可以解释国家为什么有权对船舶上发生的事情进行管辖。我国刑法有这样的规定,凡在我国领域内犯罪的,一般均适用我国的刑法。同时又规定,凡在我国船舶或者航空器内犯罪的,也适用我国刑法。根据这个规定,一些人认为,这与上述第二种观点体现的原则是一致的。

应该说,船旗国管辖原则实际上来自于各国的长期实践,在大家都普遍认可这种做法的情况下,就形成了这样一个规则。

168. 船舶是国家的"浮动领土"吗？

根据船旗国管辖的原则,船旗国对在公海上的本国船舶有权行使专属管辖,一些西方的学者对此解释为这是"国家管辖权的延长",有的学者从属地管辖的角度出发,把船舶称作国家的"浮动领土"或"漂浮领土",这种"领土"随着船舶的航行而移动。这种说法表明了公海上航行的船舶与船旗国在法律上的密切联系,这种法律联系的主要体现就是船舶的国籍。的确,船舶有一些与国家领土相似的特点,比如船舶即使航行在他国的领海内的时候,除船舶内的犯罪行为影响到沿海国的法律秩序、由沿海国行使一定的属地管辖权外,船舶内的事务都由船舶船旗国管辖。但是,船舶毕竟不是领土,虽然浮动领土的说法形象地说明了船舶和船旗国之间的法律关系,但严格地说,这种说法并不准确。

船舶

169. 怎么处理船舶碰撞事件？

根据船旗国管辖原则,在某艘船舶内部发生的事情一般由船舶的船旗国来管辖,如果在两艘船舶之间发生了事故,比如船舶碰撞,应当由哪个国家来管呢？

这要看不同的情况,如果两艘船舶的国籍一样,一般来说,只要不影响到某个沿海国的利益,不管事故发生在某国的领海还是公海,都应当适用它们共同的国籍国的法律;如果两艘船舶的国籍不同,解决起来就比较复杂了。当事故发生在某个国家管辖的海域时,一般由该沿海国来管辖,并适用沿海国的法律;当事故发生在公海时,就比较麻烦了,会出现两个船舶所属国家管辖权的争议,最好的办法那就是根据国际公约来处理。不过,对船舶碰撞负有责任的船长或船员由于船舶碰撞如牵扯到刑事犯罪,应当由所在船舶的船旗国管辖。

170. 谁有权来管辖"荷花"号案?

历史上曾经有过这样的案例,在1926年8月2日深夜,法国邮船"荷花"号与一艘土耳其运煤船"波斯·克鲁特"号在公海上相撞,土耳其船舶被撞断后沉没,船内8名船员和乘客死亡。当"荷花"号于8月3日抵达土耳其的君士坦丁堡(也就是现在的伊斯坦布尔)时,土耳其警察扣留了"荷花"号的船长和大副,随后两人被判了刑。法国认为土耳其没有权力管辖这个案件,法、土两国为此发生了争端。两国经过交涉以后,同意将该案引起的管辖权冲突问题提交当时的国际常设法院进行裁决。

国际常设法院判决认为,船舶碰撞的各方国家均可以对有关案件进行审理,因此,土耳其进行审理和判决是符合国际法的。国际常设法院的这个判决遭到了国际上的广泛批评,认为它违背了船旗国的专属管辖原则。后来,有关的公约明确规定,只有船舶的负责人所在船舶的船旗国才有这种船舶碰撞案件的刑事管辖权。

171. 什么是海盗行为?

对于海盗,人们经常在一些文学艺术作品里看到。

海盗给人们的印象大多是一副手断了,装上手钩,瞎着一只眼,跛着一条腿,船上悬挂骷髅旗的样子。但现在的海盗大都已经"鸟枪换炮"了,他们装备精良,甚至与一些政府官员勾结,危害性很大。海盗行为是各国公认的国际犯罪,海盗是人类的公敌,应受到各国的惩罚。各国均有权拿捕、扣押和处理海盗船。那么什么是海盗行为呢?

按照规定,在公海上或任何国家管辖范围以外的地方的船舶或飞机以及有关的人员,如果有私人船舶或私人飞机的人员,为了私人目的对他们进行非法暴力或扣留,或者掠夺,这种行为就是海盗行为。此外,明知是这样的海盗船舶或飞机,而自愿参加其活动,也是海盗行为。教唆上述行为或者为上述行为提供便利,也会被认为是海盗行为。反过来说,如果不是私人的船舶和飞机,也不是为了私人的目的,而是国家政府或军队的船舶或飞机为了执行公务,在海上拿捕、扣留船舶或人员,不属于海盗行为。

172. 为什么要对公海上的非法广播进行管理?

在公海上从事的未经许可的广播是非法广播,也就是说没有按照国际公约同意分配的无线电波而进行的广播是不允许的。

随着无线电广播技术的发展,各国使用无线电波段的需要也不断增加,可是无线电波段也是一种有限的资源,如果不控制使用,互相占用无线电波段,结果只能是产生互相干扰的混乱局面。因此国际上已经有专门的公约对无线电波段的使用进行公平的统一分配。但是有些国家和组织为了实现自己的某种目的,在公海上进行未经许可的广播,这种广播影响了正常的无线电波段的使用,干扰了船舶航行中正常的通讯联系,甚至危及公海航行安全。所以对这种非法广播各个国家可以根据普遍管辖的原则进行制止。但是,如果是因为在海上遇难,为呼救而使用统一分配以外的波段发出无线电信息,不属于非法广播。

173. 什么是登临权？

按照国际法的规定,有关国家可以在公海上行使一定的管辖权。为了表明身份,应当由军舰和经授权的国家公务船舶在公海上代表国家进行管辖活动。其中,登临权就是行使这种管辖权一种体现。

那么,什么是登临权呢？登临权是指靠近和登上被合理地认为犯有国际罪行,或其他违反国际法行为嫌疑的商船进行检查的权利。登临检查

船舶巡航

的对象只能是商船,而不能是军舰和国家公务船舶,因为别的国家的军舰和国家公务船舶有管辖豁免权。而且必须有合理的理由和根据认为船舶有海盗行为或其他国际犯罪的嫌疑。如果嫌疑经证明是没有根据的,被登临的船舶并未从事涉嫌的任何行为,对该船舶可能遭受的任何损失或损害应予以赔偿。另外在登临检查的时候应当

谨慎,以免造成不必要的损害。

174. 哪些情况下可以行使登临权?

登临权是行使管辖权的一种体现,根据《联合国海洋法公约》的规定,国家在公海上有登临权。在战争中,出于战争的需要,登临权也会被作为一种交战权利来行使。登临权必须在特定的情况下行使。在公海上,如果发现商船有从事海盗行为、从事奴隶贩卖或者从事没有经过许可的广播的嫌疑便可以行使登临权,这符合普遍管辖的原则。另外,在海上航行的船舶都要悬挂某个国家的国旗,表明自己的身份,每个国家也都有权查处非法悬挂本国国旗的行为。这样,如果船舶没有国籍,或者怀疑船舶虽悬挂外国国旗或没有悬挂国旗,但事实上和行使登临权的军舰的国籍一样,这种情况下,国家的军舰也可以行使登临权。如果所怀疑的情况属实,在必要的时候,军舰可以予以拿捕,强行扣押。

175. 什么是紧追权?

如果外国商船在沿海国管辖的水域内违反了沿海国的法律,沿海国可以进行管辖。可是违法的船舶如果正逃向公海,沿海国有没有追捕的权利呢? 为了保护沿海国的利益,对违反该国法律并从该国管辖范围内的水域驶向公海的外国商船,沿海国有权进行追赶,这种权利就是紧追权。一国对管辖范围内的水域有属地管辖权,而紧追不舍甚至到达公海则是国家主权延伸的体现。紧追权和登临权都是国家在公海上行使管辖权的体现。

176. 如何行使紧追权？

任何权利的行使都不是没有限制的，都要遵守一定的规则，行使紧追权也是如此。那么，各国在行使紧追权的时候应当遵守什么样的规则呢？首先，紧追必须从国家管辖范围内的水域，如内水、领海、毗连区等开始。其次，紧追必须连续不断地进行，如果由于某种原因，进行紧追的船舶或飞机退出紧追，导致紧追的中断，紧追权就不能再行使了。再次，紧追在被追逐者进入其本国或第三国的领海时就必须停止，否则就会构成对他国领土的侵犯。最后还要注意，紧追只能由军舰、军用飞机或其他有清楚标志可以识别的为政府服务并经授权的船舶或飞机进行。否则，如果被紧追的船舶无法搞清楚追它的船舶和飞机是什么身份，可能还会以为是海盗呢。不管怎么样，如果在无正当理由的情况下进行紧追，在领海以外被命令停止航行或被逮捕的船舶，对于可能因此遭受的任何损失或损害有权获得赔偿，追逐国应承担责任。

177. 紧追权可以在专属经济区行使吗？

因为紧追权行使的前提必须是有理由认为被追的船舶违反了沿海国的法律法规，所以必须从沿海国能管得到的地方开始行使。在专属经济区内，沿海国的权力只限于经济方面，所以，如果被追的船舶有违反专属经济区制度的嫌疑，沿海国也可以比照适用紧追权，在专属经济区内开始行使紧追权。

另外，沿海国在开发利用大陆架的时候，会在大陆架上设立一些设施设备，并可以为这些设备设立一个"安全地带",以保证开发大陆架和航运等活动的正常进行。必要时,这种安全地带也会成为开始行使紧追权的地方。如果外国船舶在沿海国的专属渔区进行非法捕鱼,紧追权就可以在专属渔区开始行使了。

178. 为什么行使紧追权要"紧追不舍"?

紧追权的行使必须从沿海国的领海或毗连区、专属经济区和大陆架开始,并且在行使过程中不得中断,这样才能在到达公海后继续紧追。一旦中断紧追,就不能在公海上重新开始了,因为这样不符合紧追必须从国家管辖范围内的水域开始这个条件。所以要紧追不舍地行使紧追权。但是,由于紧追的船舶或者飞机的某种特殊情况,比如出现故障,可能需要退出紧追,这时应该怎么办呢?在这种情况下,为了避免紧追的中断,应当在接替的船舶或飞机到达后才可以退出紧追。

179. 美国为什么要赔偿"孤独"号船舶的损失?

紧追权和登临权的行使是有严格的限制的,一般要求行使的对象有不法行为的嫌疑,因此,必要时可以拿捕有关的船舶。尽管如此,在不能证明这些嫌疑以前,不能对紧追或登临的船舶进行武力攻击。在1929年发生的"孤独"号案件中,美国政府船舶在发现有违法嫌疑的英国船舶"孤独"号后,对该船进行了紧追,命令停船接受检查,但"孤独"号仍然向公海行驶,于是美国船舶对"孤独"号船进行了攻击,造成了很大的损失。后来,这个案件的处理结果是,认可了美国行使紧追权的合法性,但对攻击造成的损失美国却应当赔偿,因为这种做法不符合紧追权行使的要求。从"孤独"号案可以看出,行使紧追权也要有一定的限制。

180. 什么是国际海底?

大海一望无际,有各种各样的海洋地形,不同的地理状况也有不同的海域划分方法。在有了领海、毗连区、专属经济区、大陆架、群岛水域、公海等各种海洋法制度之后,海洋的水体和部分底土地区都已经明确了各自的法律地位,就只剩下领海、专属经济区和大陆架以外的深海洋底及其底土了。这部分底土是怎么管理的呢?实际上这一部分不属于任何国家管辖,人们把这一区域叫作国际海底区域,这对早先的海洋法来说是一个新的概念。

海底勘探

国际海底这个区域大部分是在公海的下面,但是由于有大陆架的存在,而根据大陆架划界的规则,大陆架的范围会超过专属经济区 200 海里的外部界限,所以,国际海底区域的范围从平面的面积来看是小于公海的面积的,那么,它的面积到底有多大呢?它的面积约占海洋总面积的 65% 以上。

181. 人们为什么会重视国际海底?

国际海底就像海洋这个大盆的盆底一样,其实国际海底的地形非常复杂。不过,国际海底的确是一个有很多宝藏的聚宝盆,那里有许多以前大家没有发现的矿藏。

每一个海洋制度的提出总是与人们对海洋的利用有关,国际海底制度的产生是因为在大洋底上发现了大量的锰结核矿(多金属结核)。锰结核含有锰、铜、镍、钴等几十种金属和稀有元素,有很高的经济价值。大洋底的锰结核矿是在19世纪末被人类发现的,到了20世纪,世界上几个主要的工业发达国家已经开始并加紧对深海海底锰结核矿的调查和勘探。我国也曾进行过这方面的工作。

锰结核矿

实际上大洋洋底除了锰结核矿以外还有其他的蕴藏量丰富的矿产。随着人类科学技术的发展,对这些矿产资源的大规模商业性开发指日可待。因此,对如何开发这些资源以及如何分配相应的利益问题就引起了广泛的关注,这必须通过建立国际海底法律制度、明确国际海底及其资源的法律地位才能解决。在这个背景下,国际海底制度也就应运而生了。

182. 国际海底制度是怎样建立的?

事实上,海洋法中有一些制度的提出和建立是和发展中国家的努力分不开的。1967年8月17日,马耳他驻联合国大使阿维德·帕多提出建议,宣布国家管辖范围以外的海床洋底及其资源是"人类共同的继承财产"。这个提案引起了关于国际海底及其资源法律地位的辩论。于是,联合国大会通过决议,决定设立由众多会员国组成的"研究国家管辖范围以外海床洋底和平利用的特设委员会",来研究有关的问题。后来还成立了"和平利用国家管辖范围以外海床洋底委员会",讨论设立有关的制度。经过各方的努力,终于在《联合国海洋法公约》中确立了国际海底的法律制度。

183. 国际海底是无主物吗?

传统的国际法学者认为国际海底是无主物,各国可以通过先占的方式取得某一部分的主权。实际上国际海底适用无主物原则是不正确的。

一般在国内的法律中,无主物是指某一物体没有被任何人占有,或者原来的占有者放弃了所有权,而没有所有权归属的物。可是无主物没有主人,会对人们之间的交往不利,只有明确了归属,大家才能放心地使用。于是各国法律往往规定一定的规则,使无主物变成"有主物",比如,规定某物被确定无主后,应当归国家所有。不过,如果没有类似的明确规定,无主物一般由先占者所有,这就是无主物原则的主要内容。对于领土的取得来说,这种先占取得对无主的陆地是适用的,但是对海底来说有效的先占往往是不可能的,不能得到广泛的承认。

那么,大陆架为什么能被确定为沿海国的管辖区域呢?这是因为大陆架制度的确立是因为大陆架是沿海国陆地领土的自然延伸,在地质结构、自然资源等方面和陆地领土有密切的联系,而这种联系是国际海底所没有的,所以,国际海底不能适用无主物制度或类似大陆架的制度。

184. 国际海底是共有物吗?

共有物一般是指不属于任何人所有的物,但是所有的人都可以使用。比如阳光、空气等就是共有物,它们不能被任何人所占有。格老秀斯就曾用共有物的观点论述海洋自由论,认为海水就是这样一种共有物,格老秀斯的观点最终导致了公海自由制度的产生。

而对于国际海底,一些西方大国主张也适用公海自由的原则。认为国际海底不属于任何国家所有,但是各国可以在平等的基础上进行开发和利用。许多发展中国家不同意这种观点,因为实际上只有那些发达的海洋大国才能有经济实力和先进的技术开发并利用国际海底,从中获益,而发展中国家技术落后,实力有限,难以获得利益。所以,需要对国际海底共同制订一种新的法律制度。

185. 国际海底怎样变成了"人类共同继承财产"?

在20世纪六七十年代,众多的发展中国家获得了独立,在海洋法的发展过程中,形成了一股强大的力量,提出了一些维护自己海洋权益的主张。马耳他驻联合国大使帕多的提案提出,国际海底是"人类共同继承财产",这个原则最终得到了海洋法公约的肯定。这一原则认为,国际海底及其资源属于全体人类和整个国际社会,而不能归任何国家、个人和法人所有。对于国际海底区域内的资源的利用由专门的"国际海底管理局"代表全人类来行使,这种开发和利用必须是为了全人类的利益,所获得的矿物和利益要公平地进行分配。

国际海底是"人类共同继承财产"原则和公海自由原则不同,它照顾到了发展中国家的利益,而发达国家也可以因此受益。

186. 谁有权开发国际海底矿物资源?

国际海底是人类的共同继承财产,这是一个原则,但是如何进行实际的开发、谁有权进行开发,却是一个如何实现这个原则的重要问题。发展中国家认为,为了维护和遵循这个原则,应当由专门的国际机构统一掌握开发国际海底的权利,提出了"单一开发制"的主张。而一些海洋大国则主张建立一个松散的国际机构,

海底机器人

给各国更大的开发和利用国际海底的权利,并提出了"国际注册制"和"颁发执照制"的建议。经过斗争和讨论,最终确立了一种叫作"平行开发制"的制度,使各国都有一定的开发权利,但都受到一定的约束。

187. 单一开发制的难题是什么?

对于国际海底的开发和利用,发展中国家主张单一开发制,认为既然国际海底属于全人类的共同继承

财产,只有代表全人类的国际海底的国际机构才有权从事开发国际海底资源的活动。为此,所建立的这种国际机构,应当有广泛的权利,以全人类的名义对所有与国际海底有关的勘探、开发、加工和销售等活动进行控制。除此以外的任何国家及企业都没有权利勘探开发国际海底资源。

单一开发制确实反映了国际海底的人类共同继承财产的原则,避免少数海洋大国利用经济和技术上的优势对国际海底资源的掠夺。但是,由于开发的技术是掌握在少数大国的手中,由一个国际机构独自开发是缺乏条件的,实行单一开发制非常困难。

188. 为什么美国会放弃国际注册制?

对于国际海底的开发,美国人主张国际注册制。它认为各国都有权进行国际海底的开发,各国可以把本国企业已经开发或准备开发国际海底的区域和活动通知专门的国际机构,不过,这个国际机构只是进行登记注册,这种开发权利便被认可了。这样,国际机构的管理权力实际很小,没有办法限制和约束发达国家对国际海底的随意开发,因此,这有利于美国这种经济技术条件比较好的国家。不过这样一来,开发活动就不能使全人类受益。这一制度没有体现国际海底是全人类共同继承财产的基本原则,所以很少有支持者,连美国后来也被迫改变态度,转而主张执照制。

189. 海底开发执照制为什么被否定了?

什么是执照制?执照制与单一开发制和国际注册制

一样是一种开发国际海底的建议。按照这种主张,仍要设立专门的国际机构,这个专门的国际机构对国际海底资源的勘探和开发有专门的管辖权,但是各个国家在与国际机构签订协议后也能取得开发的权利。每一个人或企业进行开发之前必须进行申请,由国际机构按照制订好的规则进行严格的审查,并颁发有一定期限的执照,开发的企业和个人在交纳一定的费用并取得执照后才能进行开发活动。这个主张与国际注册制相比,专门的国际机构能在一定程度上对开发国际海底的活动进行管理和限制。不过,根据这种主张,各国开发国际海底资源仍有很大的自由,这也不完全符合国际海底是人类共同继承财产的原则,发展中国家对此也不满意。

190. 国际公认的国际海底开发制度是什么?

在如何开发国际海底的问题上,各国意见不一,海洋法公约最终确立了"平行开发制"。平行开发制的确立是各国之间协商谈判的结果。这一制度平衡了各方的利益。

根据这个制度,开发的申请者必须向专门的国际机构,也就是国际海底管理局,同时提供两块具有同等商业价值的矿区,并提供这两块矿区的有关资料。管理局在一定期限内指定其中一个矿区为管理局的"保留区",留给国际机构开发,或同发展中国家联合开发。另一个矿区叫作"合同区",由申请者在与管理局签订合同后自己开发。这显然考虑到了发达国家和发展中国家两方面的利益。在这个制度的实行方面,《联合国海洋法公约》强调要保护发展中国家的利益。

191. 国际海底管理局怎样管理海底的开发活动？

国际海底管理局是《联合国海洋法公约》的缔约国设立的一个管理国际海底的专门机构。本着国际海底是人类共同继承财产的原则，管理局负责对国际海底区域的活动进行组织和控制，对区域内资源进行管理，管理局对国际海底勘探开发有专门的权力。管理局的主要机关有大会、理事会和秘书处。大会是管理局的最高机关，由全体管理局成员组成，负责处理事关全局的问题，制定一般性的政策。理事会负责日常事务的执行。秘书处负责行政管理。为了使管理局能代表全人类开发和利用国际海底，在发展中国家的努力下，管理局还设有企业部，负责国际海底资源的勘探、开发，以及运输、加工和销售等工作。

海洋权益

激烈的海洋争斗

192. 为什么会有海洋争端？

人和人在一起，难免会有一些矛盾，国家之间也是如此。在《联合国海洋法公约》出现以前，由于各国对于海洋法律制度有这样那样不同的观点和主张，容易发生国与国之间的冲突。而公约的出现，通过确立一系列的海洋法律制度，使得海洋活动有法可依了，从而缓和了各国的利益冲突。

但是，由于各方面的复杂原因，即使在公约生效以后，许多国家有关海洋的冲突和矛盾还会存在。这些与海洋法律制度有关的争端我们称之为海洋争端。海洋争端的范围很广，其中比较严重的争端主要是国家之间关于领海、专属经济区和大陆架划界方面的争端，此外还有非沿海国在专属经济区内捕鱼的争端，海洋污染责任和管辖权的争端，外国在专属经济区和大陆架上进行海洋科研的争端，以及开发国际海底方面的争端，等等。

193. 什么是海权论？

人类虽然生活在陆地上，但人类的生活却越来越离不开海洋，很多国家都重视对海洋的控制。对于海洋重要性的论述最有名的莫过于美国人马汉的海权论了。1890年，马汉发表了名著《制海权对 1661～

海权论提出者——马汉

1783年历史的影响》,认为所有帝国的兴衰,决定性的因素就在于是否控制了海洋。英国控制了海洋,从海洋贸易中获得了巨大的利益,并击败了其他国家。美国的生存也有赖于对海洋的控制。世界统治地位可以通过控制海权来取得。

马汉的海权论对美国乃至整个西方影响都很大,这从某些方面反映了人们对海洋重要性的认识。海洋这么重要,海洋争端的不断发生也就不足为奇了。

194. 应该用什么方法解决海洋争端?

有了争端,应当如何解决呢?是用和平的方法,还是用战争的方法呢?在以前,国家与国家如果言语不和,便会兵戎相见,战争甚至被认为是解决争端的一种手段。后来在1928年的《巴黎非战公约》中,第一次明确宣布废弃战争这种解决争端的方式,主张用和平的方式解决争端。1945年的《联合国宪章》则把和平解决国际争端作为一项国际法的基本原则。

中国代表团在《联合国宪章》上签字

《联合国海洋法公约》遵循了《联合国宪章》的精神和国际法的基本原则,规定只能用和平的方法来解决海洋争端。如果缔约国之间发生争端,争端各方应迅速寻求和平解决争端的具体方法。

这一规定确立了缔约国和平解决海洋争端的义务。有些争端通过和平解决的方式取得了很好的结果,比如发生在德国与丹麦、荷兰之间的北海大陆架划界纠纷,就是通过国际法院审理而和平、圆满地解决的。

195. 为什么会有国际法院?

和平解决国际争端的方法有很多,比如谈判、协商、调查、斡旋、调停、和解等,很多国际争端就是通过这些方法解决的。另外还可以通过仲裁、司法判决来解决纠纷,比如北海大陆架案就是由国际法院通过司法判决,在当事国的配合下解决的。

国际法院

在一个国家内部,为了解决纠纷,最终的办法就是到法院打官司,法院的判决可以得到强制执行。但在国际上要这样做就很困难,因为两个国家之间闹矛盾,是没有一个能管得了这两个国家的、高高在上的法院的。为了解决纠纷,各国便同意设立这样一个国际法院,不过这和国内的法院有很大不同,在国内,原告把被告送上被告席是不用经过被告同意的,而国际法院审理案件,一般来说要经过争端当事国双方的同意。

在国际上,第一个解决国际争端的司法机构是国际联盟设立的国际常设法院。国际常设法院是在1922年成立的,法官来自各个国家,通过选举产生。国际常设法院负责国际争端的审判。除此之外还有一个国际常设仲裁法院,但它是一个仲裁机构,两者的职责不同。国际常设法院成立以来,审理了65个国际争端案件,"荷花"号船舶相撞的案件就是其中之一。后来由于第二次世界大战的爆发,国际常设法院于1946年解散。不过,在同一年,联合国下设的国际法院成立了,使这一空白得以弥补。

196. 国际海洋法法庭审理的是哪些案件?

国际海洋法法庭成立于1996年10月,总部设在德国汉堡,是《联合国海洋法公约》以下简称《公约》规定的有关公约解释和适用的争端的司法解决程序之一。根据《联合国海洋法公约》的规定,国际海洋法法庭审理的案件种类有:①有关《公约》的解释或适用的任何争端;②关于与《公约》的目的有关的其他国际协定的解释或适用的任何争端;③如果同《公约》主题事项有关的现行有效条约或公约的所有缔约国同意,有关这种条约或公约的解释或适用的争端,也可提交法庭。

一般来说,国际海洋法法庭案件的审理只限于《公约》所有缔约国。但是,缔约国以外的实体也可根据《公约》第十一部分的规定,或根据相关协定,将案件提交法庭审理。例如,国际海底管理局或其企业部、国有企业以及自然人或法人,在作为有关"区域"内活动的合同的当事各方的情形下,它们之间关于该合同的解释或适用等争端可以提交法庭下设的海底争端分庭解决。《公约》缔约国可在任何时间以书面方式选择法庭或《公约》规定的其他争端解决程序,如国际法院、仲裁法庭等解决争端。

197. 为什么会发生马尔维纳斯群岛争端?

马尔维纳斯群岛位于大西洋的南端,简称马岛,英国则把这个群岛叫作福克兰群岛。这个群岛是哪个国家先发现的,至今说法不一。一般认为是西班牙先发现了这个群岛,不过后来,英国、法国和西班牙都曾占领过马岛。19世纪时,阿根廷从西班牙的殖民统治中获得了独立,声称继承了西班牙对马岛的主权,并于1820年11月6日派兵占领了马岛,实行统治和管理。1833年,英国乘阿根廷内乱,用武力重新控制了马岛。此后,阿根廷和英国之间

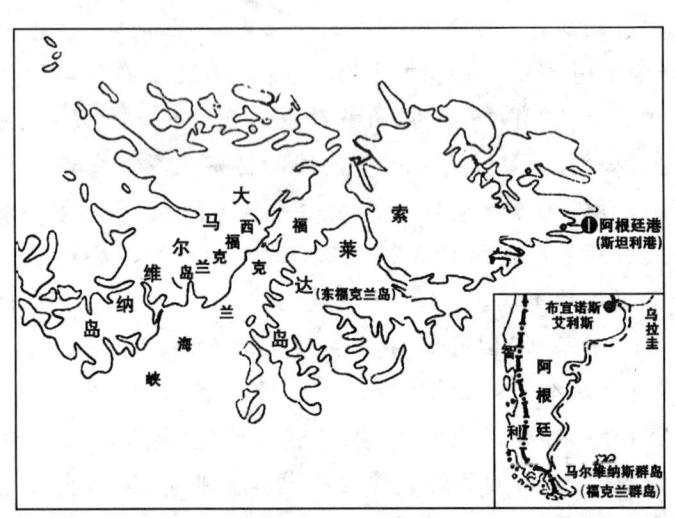

马尔维纳斯群岛地理图

一直为马岛的归属问题不断进行交涉。20世纪70年代末80年代初,马岛周围海域发现了丰富的海底石油和天然气资源,双方的矛盾更加深了。

1982年4月2日,阿根廷以保护马岛上的阿根廷工人安全为由,出兵攻占了马岛,引发了与英国之间的战争,这被称为马尔维纳斯群岛战争。最后,阿根廷在战争中失败,双方在国际社会的调解下结束了战争。但关于马岛的归属争端却仍然在继续,解决这个争端的确十分困难。

198. 马尔维纳斯群岛战争是如何结束的?

和平解决国际争端的外交方法是经常用的,并取得了一定的效果。其中谈判和协商的方式最为常见,我国和英国解决香港主权回归的问题就是通过谈判和协商解决的。实际上,斡旋和调停也会起到一定的作用。1982年,阿根廷和英国因为马尔维纳斯群岛(英国称为福克兰

英国军舰在马尔维纳斯群岛战争中中弹

群岛)的主权归属发生了战争。阿根廷战败,但是两国的对抗并没有结束。后来,经过联合国秘书长的斡旋,阿根

廷表示愿意和英国谈判,从而使战争状态结束。实践证明,许多争端通过战争是解决不了的,大家更愿意用和平的方法解决争端。

199. 谁来承担攻击渔船的责任?

1904年,日俄战争期间,俄国波罗的海舰队在经过北海的时候,在一个叫多革滩的地方,将一个英国的渔船队误当作日本的水雷艇进行了炮击,结果击沉一艘渔船,打死两名渔民。为此,英国和俄国之间发生纠纷。后来,在法国的调停下,英俄两国签订了协议,组成了一个国际调查委员会,对事件进行调查。在查明是错误的攻击的情况下,俄国承担了攻击渔船的责任,进行了赔偿,从而解决了争端。可见,通过调查,可以明确纠纷和事故产生的原因,调查也是一种解决争端的有效方法。

200. 对强行割让的领土能有主权吗?

领土有好几种取得的方式,包括先占、添附等。历史上,一些西方国家还常用强行割让的方式取得领土,这引起了很大的争议。割让领土包括强制性割让和非强制性割让,非强制性割让包括交换、赠与、买卖等方式,这一般都是自愿的。而强制性割让往往是一国强行兼并另一国的领土,这是非法的、无效的。在中国近代史上,日本就曾在甲午战争结束后的1895年,同我国清政府签订了《马关条约》,强迫中国割让台湾等领土给日本。这种通过不平等条约强行割让领土的做法是违反国际法的,因此,对强行割让的领土不能取得主权。

201. 什么是炮舰政策？

在近代，一些西方的殖民主义国家和帝国主义国家为了获得领土和各种利益，不惜使用武力，频频利用炮舰进行侵略和扩张，打开那些弱小国家的国门，这种侵略政策被称为炮舰政策。它大致产生于19世纪的中期。

炮舰政策严重损害了受害国家的利益，我国也曾深受其害。1840年，英帝国主义就利用船坚炮利的优势，对我国发动了鸦片战争，迫使我国开放门户，我国从此陷入了半殖民地半封建社会。不过，在现在的国际法中，炮舰政策遭到了唾弃，已经没有了市场，国与国之间应当用和平的手段发展相互的关系，平等协商，解决矛盾。

202. 你知道直布罗陀争端的来龙去脉吗？

直布罗陀位于欧洲的西南部，旁边的直布罗陀海峡是地中海通往大西洋的咽喉要道，隔着海峡，对面就是非洲大陆，所以，直布罗陀的地理位置十分重要，历来是兵家必争之地。公元711年，阿拉伯人占领了直布罗陀，并建立起了一个城堡。1642年，西班

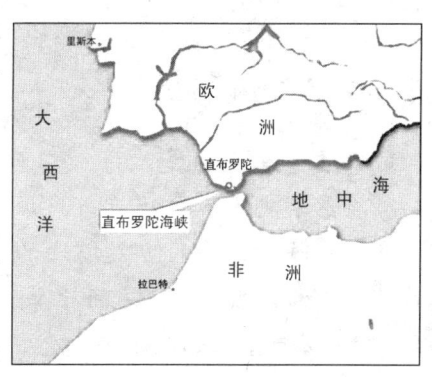

直布罗陀的重要地理位置

牙夺取了直布罗陀，直布罗陀从此并入了西班牙。1704年，英国占领直布罗陀，并迫使西班牙签订条约，将直布

罗陀割让给英国。不过在此后的200多年里,西班牙一直在努力试图收回直布罗陀,但都没有成功。现在,直布罗陀是欧洲大陆上唯一的一块殖民地。

203. 北方四岛争端是怎么回事?

人们经常提到的北方四岛是指日本北海道东北的择捉岛、国后岛、齿舞岛和色丹岛。北方四岛在第二次世界大战以前是日本的领土。"二战"中,美国和前苏联达成了《雅尔塔协定》,按照协定,前苏联将对日宣战,而美国也认可前苏联因此获得的领土上的利益。在"二战"后,前苏联占领北方四岛,这虽然遭到了日本的反对,但美国并没有完全明确支持日本的立场。这样,在前苏联和日本之间,关于北方四岛的争端一直持续了好几十年,前苏联在归还北方四岛的态度上虽然曾经有所松动,但始终未放弃对这些岛屿的占领。前苏联解体后,日本继续进行各种外交努力,试图从俄罗斯手中收回北方四岛,不过,直到现在也仍然没有结果。

204. 海战也有规则吗?

虽然解决国际争端应当采用和平的方式,很多争端也确实是通过和平的方式解决的,但是战争却仍是难免的,而且很残酷。特别是海上战争,往往非常残酷。那么,这种战争有没有规则呢?

战争也会有规则吗?表面上看,都打仗了,还讲什么规则,其实不然。人和人之间闹矛盾,言语不和,有时也会打起来,但也有"打人不打脸"的说法。同样,战争也有规则,古代还有"两国交战,不斩来使"的习惯做法呢。

战争的规则很多。国际法规定应当和平解决国际争端,可是在现代国际社会中,战争和武装冲突还是不能完全避免的。针对这种情况,就出现了限制和约束战争和武装

古代海战

冲突的规则。这些规则内容很多,比如规定不能攻击中立国,不能使用化学武器,不能攻击商船等。海战也是战争,当然也应当遵守战争规则,只是海战有自己的特点,主要目的是攻击对方的海军,消灭敌国商船,破坏敌国的海岸军事设施等,因此海战也有自己专门的规则。

205. 你知道战争也有法可依吗?

　　法律的内容很广泛,其中也包括战争法这一部分。什么是战争法呢?战争法就是战争的规则。以前,人们认为战争是国家的一种本来就有的权利,就像过去西方社会认为决斗是解决人和人之间矛盾的合理合法的方法一样。可是战争毕竟是残酷的,既决定国家的命运,又关系到人的生死存亡,因此,就像现在不允许私人间的决斗一样,必须限制战争的发生,要讲人道主义。即使战争不可避免,国家的战争行为也必须受人道主义规则的约束。于是,在国际社会的实践中出现了大量的有关限制作战手段和规范战争行为的一些国际习惯法,这样一些习惯

法规则后来就成了战争法。战争法是国际法的一个组成部分。

206. 为什么说马尔维纳斯群岛战争是不宣而战的战争？

1982年,英国和阿根廷之间发生了马尔维纳斯群岛战争。在历史上,英国和阿根廷对马尔维纳斯群岛的主权归属一直有争议。1982年4月2日,阿根廷未经宣告,出兵占领了该群岛,并宣布该群岛成为阿根廷的第二十四个省,这导致英国立即同阿根廷断交,两国爆发战争。后来,阿根廷失败了。这是一场不宣而战的战争。

传统上,战争必须符合一定的条件,如战争开始必须要通过宣战,如果没有经过宣战,就不能被认为是战争。曾经也有公约规定,战争开始前应当通过一定的方式进行警告,比如,说明战争的理由并宣布宣战声明,或者规定一定的条件,发布最后通牒。这种做法就是宣战。可是有些国家为了在战争一开始就取得军事上的主动,往往是不宣而战的,这样的例子还有不少。按照传统国际法来看,这样的情况就不被认为是战争,只能是武装冲突。但由于往往又都存在武装冲突的事实,后来,人们又把传统的战争和一般的武装冲突都统称为战争,都适用战争的规则,特别是那些与人道主义有关的规则。于是"武装冲突"这一概念既包含了宣战的战争,又包含了不经宣战的武装冲突了。

事实上,不仅有不宣而战的情况,还有宣而不战的情况。那就是,有时在战争状态下,虽然两国已经宣战了,但却很少打仗,甚至都没有正面交锋。在第一次世界大战中,我国与德国是敌对的交战国,但我国主要的活动是派遣劳工到欧洲在后方支援前线。拉丁美洲国家,如巴拿马、古巴、巴西也曾对德国等同盟国宣战,但实际上根本就没有发生战争的实际行为。在这样的情况下也应视为战争,并适用战争法来对待两国之间的关系。

207. 战争法有哪些内容?

战争法有很多内容,总的来说主要包括两个规则体系,一个是海牙规则体系,另一个是日内瓦规则体系。海牙规则体系是战争法中的一系列规则的总称。在1899年和1907年,在荷兰海牙召开了两次国际会议,会议上通过了一系列的条约,如与海战有关的就有《开战时敌国商船之地位公约》、《商船改充战舰公约》、《战时海军轰击公约》、《海战时中立国之权利和义务公约》等。这些公约主要是规定在战争时应当遵守的规则,如战争时的权利义务、作战的方法、禁止使用的武器等各个方面。于是人们把以历次海牙会议为主缔结的有关战争规则的条约统称为"海牙规则体系"。

除了在海牙召开了多次国际会议,制订了一些与战争有关的规则以外,在瑞士日内瓦也曾经召开过多次会议。在1929年、1949年和1977年就曾分别召开了三次日内瓦会议,制订了许多条约。其中在1949年的会议上曾制订了日内瓦四公约,分别是《改善战地武装部队伤病者境遇公约》、《改善海上武装部队伤者病者及遇难者境遇公约》、《关于战俘待遇公约》以及《关于战时保护平民公约》。日内瓦会议制定的公约主要目的是从人道主义的角度出发,保护平民和战争受害者。人们把以日内瓦会议为主缔结的类似的条约就统称为"日内瓦规则体系"。

208. 军舰还有特定的条件吗?

大家知道,在海战中,最主要的作战工具就是军舰了。那么,军舰就是指作战的船舶吗?实际上,在国际法中,对什么是军舰还有着严格的规定。船舶成为军舰,应当符合以下的条件:首先必须属于一国武装部队,并且服现役,已经退役的不算;其次,军舰必须有能够辨别国籍的外部标志;再次有国家政府正式委任的军官指挥;最后就是军舰上的人员须受到正规武装部队纪律的约束。这样,军舰和军舰上的人员就可以享有国际法乃至战争法上的权利,承担相应的义务。商船改装成的军舰和军队临时征用的民用船舶,只要具备了军舰的这些特定的条件,就具有了军舰的法律地位,可以被认为是军舰。

军舰

209. 军舰有哪些特殊的权利?

军舰和一般的船舶不同,国际法对军舰有一些特殊的规定。相应地,军舰也有一些特殊的权利。一般情况下,军舰享有不受外国司法管辖的豁免权,这是因为军舰是国家所有的船舶,只服从船旗国的管辖,其他国家无权管辖;此外,军舰还可以代表国家行使紧追权、登临权,对有关的违法犯罪行为还有权进行惩罚,为此,军舰可以行使惩罚海盗权、拿捕权。对于严重违法的外国船舶还可以行使自卫权,以保护自己,维护自己国家的主权。另外,在遇到台风等紧急情况时,军舰还可以不经有关国家的允许,进入避难港避难。在战争中,根据战争法的规定,军舰还有一些战争方面的权利和义务。

210. 什么是军舰的拿捕权?

人们在提到海洋法中的一些案例时,有时会讲到某个国家的军舰对违法的船舶实行了拿捕。那么,什么是拿捕呢?按照国际法的规定,军舰有一些特殊的权利,其中有一项就是拿捕权。军舰行使拿捕权是国际上的一种习惯做法。这种权利是指军舰对某些犯有国际罪行和违反国际法的船舶有权扣押和没收,人们称为"拿捕"。根据国际上的习惯,每一个国家的军舰都有权拿捕没有经过允许而悬挂该国国旗的任何船舶,把船舶带到军舰所属国的港口,进行惩罚。另外,在战时,如果交战国对敌国进行海上封锁时,发现中立国的船舶载运禁制品,破坏了封锁,军舰就有权进行登临检查,直至拿捕。

211. 军舰是怎样进行拿捕的?

如果军舰发现商船有违反国际法,甚至犯有国际罪行嫌疑的时候,可以按照规定进行紧追,并且登临检查。如果事实的确证明船舶有违法行为,军舰便可以进行拿捕。在拿捕的时候,军舰的舰长可以派一名军官和一些水兵接管被拿捕的船舶。这名军官就成为被拿捕船舶的负责人,负责保护船舶和船上的货物。被拿捕的船舶应当听从军舰和军官的安排。一般来说,船舶会被带到某个港口接受惩罚和处理。

212. 什么情况下军舰可以行使自卫权?

每个国家都有自卫权,军舰就可以代表国家对严重违法的外国船舶行使自卫权。那么,军舰在遇到什么情况时可以自卫呢?一般来说,当军舰在海上遇到武装攻击或严重威胁时便可动用武力进行自卫还击;如果外国的船舶和飞机有比较明显的违法行为,严重威胁和危害到本国的主权和安全时,军舰就可以行使自卫权,而不用等到对方开火以后。比如,外国舰船非法侵入领海,并有搜集情报、武力威胁等行为时,沿海国的军舰便可以采取警告、抗议、拦截、扣船,甚至武力攻击等自卫行为,以维护国家的主权。

213. 军舰如何行使紧急避难权?

一般来说,如果没有得到沿海国的允许,外国的军舰是不能进入沿海国的港口的,不过,在出现需要紧急避难等特殊情况下除外。根据国际上的通行做法,军舰如果在海上遇到台风、大雾等不可抗拒的自然灾害的威胁,发生重大的海上事故,或者出现燃料食品短缺、人员伤病等特殊情况,以至于军舰航行困难或无法航行,军舰便有权在没有得到沿海国允许的情况下,进入沿海国的港口避难。这就是军舰的紧急避难权。

军舰的紧急避难权必须是在迫不得已的情况下才可以行使,而且在避难港,军舰应当遵守沿海国的法律和港口的规章制度,不得损害沿海国的利益,并对获得的救助支付费用和报酬。在避难的理由不存在时,应立即离开避难港。

214. 海军能狂轰滥炸吗?

战争是有规则的,战时不能滥用武力和任意攻击。在海战中,海军并不能任意狂轰滥炸。出于人道的考虑,有关公约还对海军的轰击做了这样的限制:禁止以海军轰击未设防的城市、海港、村庄、房舍及建筑,而可以轰击处在不设防地点的军事设施,但在轰击前还应通知对方的地方当局限期拆除,如果不执行,才可以轰击,但在轰击时应设法使城市所受损害减至最小限度。地方当局如果拒绝征集海军提出的当时必需的粮食或生活用品,可以进行轰击,但征收不得超过当地的承受能力。轰击时也必须尽力保全宗教、美术、技艺、慈善事业所用的一切建筑,以及古迹和医院、伤员收容所。除非这些地方当时也是用于军事目的,或者这些建筑没有明显的标志。

215. "露西坦尼亚"号的悲剧谁来负责?

"露西坦尼亚"号是英国的一艘豪华邮轮。1915年5月7日,这艘船在离爱尔兰海岸12海里的地方被德国潜水艇用鱼雷击沉。当时船上有乘客近2000人,遇难者约1200人,其中有128人是美国人。当时欧洲正处于第一次世界大战时期,英国和德国是敌对的双方,而那时美国是中立国。

这一事件发生后,国际社会对德国的潜艇战提出了强烈的谴责。因为"露西坦尼亚"号是一艘没有任何武装的商船,英国认为德国不能对商船进行袭击,德国应当承担责任。美国则以中立国的身份与德国进行了谈判,德国终于表示战争中的报复措施不能针对非敌对国,并愿意就美国国民因沉船所遭受的损失承担赔偿责任。而英国公民受到的损失最终被划入"一战"后德国总的赔偿额中了。实际上,德国最终还是承担了制造这一战争悲剧的全部责任。

这一事件导致了两条战争法规则的产生,一是不得攻击非武装商船,二是不得伤害中立国国民。

216. 应不应限制潜艇的攻击?

在第一次世界大战期间,德国潜艇攻击了没有任何武装的"露西坦尼亚"号商船,造成了重大的损失,这是德国滥用潜艇战的结果。在那时,也确实还没有有关潜艇作战的规则。直到第一次世界大战结束后才有了相应的规定。这些规定要求潜艇不得对遇到的商船立即攻击,如果要拿捕商船,还要在拿捕商船前先命令商船接受检查,以便确认船舶的性质,搞清楚是商船还是有武装的船舶。如果商船拒绝检查或者反抗拿捕或拿捕后又不按照制定的航线行驶的,才可以进行攻击。潜艇在对商船

潜艇

的行动中,还必须等旅客、船员和船舶文书安置到了安全的地方以后才能对商船进行攻击。之所以要限制潜艇攻击,主要是考虑到对没有武装的商船的保护,其次就是潜艇的攻击比较隐蔽,对于没有武装的商船而言危险性很大。

217. 海战中能不能武装商船?

在海战中,海军部队包括战斗员和非战斗员,无论是编入各类舰艇的还是编入海岸要塞的战斗员,都享有合法战斗员的权利,受战争法规的保护,承担相应的战争义务。海战中的主要作战工具是军舰,当然它往往也是被攻击的目标。在海战中,海军部队只能使用属于自己编制的舰艇攻击敌舰,而禁止使用其他船只。但是商船只要改造成作战用的战舰,也具有军舰的地位,不过,商船改装成军舰应当符合规定的条件。由于一般不能攻击没有武装的商船,所以武装商船会导致该船舶在战争法中地位的变化。另外,如果不把商船改造为军舰,只是为了自卫和防御的目的而武装商船,也是被允许的,但是经过武装的商船如果主动攻击敌国军舰或商船,就又会失去国际法的保护。

218. 商船可以攻击军舰吗?

战时,军舰攻击敌方的商船是要受到严格限制的。由于商船受到了严格的保护,所以商船也不能利用这种便利条件去主动攻击敌国的军舰和其他的船舶。如果别人打你受限制,你却可以随便打别人,这当然是不可以的。不过,如果商船受到了攻击,这艘商船就可以进行自卫还击,这时候可以攻击敌对的军舰和其他有威胁的船舶。如果商船不是为了自卫而攻击敌国的舰船,那就会被认为是海盗行为,可能会被拿捕,并且船员也有可能被当作战犯来处理。

219. "背信弃义"的攻击能允许吗?

"兵者,诡道也。"在战争中,敌对的双方既斗智又斗勇,为了胜利,可能使用各种有利于自己的策略和战术,这一般来说都是允许的。可是如果利用对方的信义和遵守战争法规的情况,以达到自己的目的,这样的行为就是被国际法所禁止的背信弃义的行为。比如,军舰有意地悬挂休战旗或红十字旗,或者假装准备谈判或投降,却借机进行攻击;甚至故意发出国际遇难信号来诱使敌舰援助,然后趁机进行攻击,这些都属于背信弃义的攻击,是不允许的,是要受到战争法的制裁和惩罚的。

220. 如何限制水雷和鱼雷的使用?

水雷和鱼雷都是海战中常用的作战工具,不过,这些危险的东西是不长眼睛的,既可以攻击敌人,保卫自己,也有可能伤及无辜。为了保护国家航运和中立国的合法权利,有关的国际公约对水雷和鱼雷的使用也作了规定和限制。根据这样的规定,国际上是禁止使用没有系缆的自动触发水雷的,但是失去控制一小时后失效的除外。对于有系缆的水雷,如果离开系缆后仍然有危害,这种水雷也是不能使用的。为了断绝贸易通航,在敌国沿岸或港口铺设自动触发水雷也是被禁止的。对于使用系缆的自动触发水雷,还应该避免威胁海上和平航行的安全。

发射击不中目标后但仍然有危险性的鱼雷,也属于禁止使用之列。

布设水下鱼雷

221. 谁应当对水雷的危害负责?

尼加拉瓜是一个拉美国家。从1983年底到1984年初,美国就以种种借口干涉尼加拉瓜的内政,并动用空军和海军等各种军事力量对尼加拉瓜进行封锁,甚至在尼加拉瓜的港口附近铺设了水雷,而且范围涉及尼加拉瓜的整个内水和领海,严重地威胁了尼加拉瓜的安全和航行,造成了重大的事故和损失。于是尼加拉瓜向国际法院提出了控告,指控美国使用武力和以武力相威胁,干涉其内政,侵犯了其主权。最后,国际法院判决美国构成了对尼加拉瓜内政的干涉,侵犯了尼加拉瓜的主权。

对于在尼加拉瓜海域布雷的行为,法院认为,不加警告,在他国港口布雷,侵犯了他国的主权,造成了对第三国船舶和人员的生命和财产的伤害,是不人道的,违反了有关公约的规定,美国应当承担责任。这说明使用水雷也应符合国际法的规定,更不能用来干涉别国的内政,侵犯别国的主权。

222. "阿拉巴马"号是中立的吗?

早在1861年美国南北战争期间,美国北方联邦政府的军舰封锁了南方同盟的港口。而英国对内战的双方保持中立。美国南方联盟政府从英国定制了许多船只,其中有一艘船叫作"第290"号,后来这艘船成为美国南方同盟的一艘巡洋舰,名为"阿拉巴马"号。这艘船在英国的帮助和默许下,在世界各处从事武装活动,先后攻击美国联邦政府的船舶达70艘,给联邦政府造成了严重的损失,最终被击沉了。在这期间,美国联邦政府认为英国干涉了美国的内政,没有采取措施制止"阿拉巴马"号的活动,违反了中立的义务。后来,为了解决这个纠纷,两国达成协议,组成仲裁庭对争端进行仲裁。最终认定,"阿拉巴马"号不是中立的船舶,英国违反了中立的义务,应给予美国赔偿。

上述的"阿拉巴马"号案件提到了中立国的概念。那么,什么是中立国呢?中立是指国家在交战国进行的战争中采取不偏不倚的态度。在战争中的中立国指既不参加交战国之间的敌对武装行动,也不支持或援助交战国中国家任何一方。这种中立国是战时的中立,中立国的地位是国家在战争开始后自己选择的。

223. 中立国怎样保持中立？

在"阿拉巴马"号案中，为了解决英美两国的纠纷，英美双方曾在1871年签订了《华盛顿条约》，作为设立仲裁法庭依据。依据《华盛顿条约》的规定，确立了中立国的三个标准，简单地说，就是中立国要有"不作为"、"防止"和"容忍"的义务。

"不作为"就是指中立国要自我约束，不从事介入交战国任何一方的行为；"防止"就是要防止违反中立义务行为的发生；"容忍"就是要容忍交战国加于自己造成一定损害的行为，比如容忍交战国为了战争的利益对中立国的船舶进行检查。

在"阿拉巴马"号案中，英国由于没有尽到中立的义务，对造成的损失应承担责任。在这个案件中，所提到的这些规则主要是指海战而言的，但对于陆战和空战也适用。对这一事件的处理原则，到后来便成为确定中立国义务的依据了。

224. 怎样保护中立国的利益？

权利和义务是相对的。严格地说，中立国有中立的义务，交战国也有对中立国的相应义务。这种义务同样包括不作为、防止和容忍。交战国不得在中立国领土发动战争，不得在中立国领水或领空进行敌对行为，也不得将中立国的领土作为作战基地或军队远征的出发点；交战国有义务防止虐待留在交战国境内的或在被占领的敌国领土内的中立国的外交代表和人民，防止侵犯中立国及其人民的财产和其他权利；在中立国领土上，交战国要容忍中立国对本国避难的军队解除武装,容忍中立国把港口提供给敌对国临时庇护或维修船舶之用,等等。

可是,在世界战争史上,交战国侵犯中立国权利的情况却很多,比如1904年到1905年的日俄战争中,战争竟然在中国的土地和海域内进行。第一次世界大战时期,德国竟滥用水雷战和潜艇战,侵犯了中立国的权利。第二次世界大战时期,德国还宣布要击沉任何与敌国船舶同行的外国船舶,美国和法国也宣布要击沉进出德国的任何中立国船舶。这些情况的出现都使中立制度受到了严重的冲击。

海洋权益

独特的海运规则

225. "海商"是怎样出现的?

人类在古代就已经有了航海活动。那时,人们从事航海活动的目的是为了到海外去做买卖,进行贸易活动,航海运输只是一种手段,所以,这种贸易活动就被称为航海贸易,又称为"海商"。海商的叫法由此而来。那时从事海商活动的人必须既要有货物,又要有船舶才行。也就是说他既是货主、商人,又是船舶所有人,也就是船东。

航海活动

18世纪末到20世纪初,西欧已经完成了产业革命,生产力有了很大的提高,社会化的大分工使得商航一体的时代开始解体,海上运输成了独立的一个行业部门,货主和船舶所有人也多为不同的人,商人不用自己带着货物把货物交给买主了,可以由搞航运的船主代劳。虽然由于历史原因,这种与贸易有关的运输活动仍然常被称为海商,但是已经不再涉及货物买卖这种商业活动了,而多与海上运输和船舶有关。不过,人们仍习惯于把航海活动叫作"海商",只是现在我们所称的"海商"与古代的"海商"已经不同了。与"海商"的叫法相对应,人们把与船舶和海上运输有关的法律叫作海商法。

226. 你知道古老的《罗得法》吗？

罗得岛是地中海东部的爱琴海上的一个小岛，公元前9世纪，罗得人和腓尼基人以从事海上贸易著称，他们的足迹遍及欧、亚、非三洲。罗得岛当时是一个强大的独立王国，也是地中海航海贸易的中心。许许多多的航海贸易的案件都在这里解决，经过长期的积累，形成了许多解决案件的习惯做法，人们把这些几百年来的习惯做法汇集，最终形成了一部习惯法，这被称为《罗得法》。

腓尼基人的船舶

可惜这部法没有保存下来，其中有些规定仅仅散见于一些著作中。《罗得法》被认为是世界海商法的萌芽。

227. 欧洲中世纪有哪三大海商法规？

在欧洲中世纪，随着航海贸易的发展，在地中海、大西洋、北海的几个中心港口出现了一些航海贸易惯例，产生了三个与海上运输有关的重要的海商法规，一个是《奥列隆惯例集》，它收集了12世纪法国西海岸奥列隆市的有关的习惯法，在当时的大西洋沿岸一带有很大的影响；另一个是《海事裁判集》，它是14世纪在西班牙的巴塞罗那编纂的，汇集了当时地中海西岸的海事判例；再一个是《维斯比法》，它是15世纪在瑞典的果特兰岛维斯比城编纂的,在波罗的海和北海沿岸比较流行。由于当时欧洲正处于封建割据状态,没有形成较统一的民族独立国家,所以,这些海商法规也大多是由民间私人编纂,而且也往往只适用于某一个地区的若干个城市,内容也不够完备。

228. 海商法管的就是海商活动吗?

在近现代,为了规范海上运输活动,各国纷纷制订了本国的海商法,海商法成了独立的法律名称。那么,海商法管的就是海商活动吗?说起来,"海商法"这个名字还真是名不副实。早期的"海商"就是指航海贸易,而现在的海商法已经不再有调整贸易等商业性活动的内容了,而只是与海上运输有关。所以,有人

古代活跃在北欧的商船

认为现在应该将海商法改名为"海事法"。"海事",顾名思义,是指海上发生的事情,包括海上运输中发生的与船舶有关的各种事情。可是,尽管如此,由于对海事关系的范围大小理解不同,确定海事法的范围也会不一样,因为"海上发生的事情"可太多了。海事法的范围到底有多大,这还是一个需要讨论的问题。在我国,目前的法律为《中华人民共和国海商法》,所用的名称仍是传统的习惯

用法,它主要涉及的是海上运输关系和船舶关系。人们也就习惯称这方面的法律为海商法了。

229. 航海是冒险活动吗?

在古代,航海被视为一种冒险活动。那个时候,生产力水平比较低下,航海技术也不够发达,而海洋对人类来说既很神秘,又充满了各种危险,与陆地上的活动相比,航海无疑有着更加特殊的风险。当时,船舶所有人和货主往往是一个人,航海需要建造船舶、雇佣船员,投资巨大,偶然的一次事故就会导致船货两失、经营失败,甚至破产。人们也经常从一些书中了解到类似的悲剧故事。既然如此,那为什么人们还会去进行航海运输活动呢?高风险往往又意味着高利益回报,风险大,赚钱也会很多,对个人而言这是有利可图的,而且,人类确实也离不开航海运输事业的发展和进步。

航海冒险

如今,随着科学技术的进步,人类认识自然和驾驭自然的能力也增强了,现在再称航海是一种冒险活动也已经不那么合适了,不过与陆地运输相比,海上运输仍然有着特殊的风险,至少在今后很长的一段时间内这种情况还不会被彻底改变。

230. 为什么海商法的规定十分特别?

海商法也是法律的一种,不过和其他的法律相比,有一些特殊的地方。海商法虽然多由一国来制定,但海上运输却往往牵扯到好些个国家,比如 A 国的船舶运送 B 国的货物,从 C 国港口运到 D 国港口,适用哪一国的运输法律规则就是一个问题,所以,每个国家在立法的时候不能不考虑这些情况。

另外,航海本身有很强的技术性和专业性,海商法自然也会带有较强的技术性。更主要的是,与陆地运输相比,海上运输有着特殊的风险,这种特殊的风险又使得海上运输的有关规则同陆上运输规则相比有很多的不同。比如有些规则非常有利于从事航海事业的人,甚至承运人造成了别人的货物损失也可以不用全部赔偿,用一般的眼光来看,这显得很不公平。其实,这样做也主要是为了鼓励航运业的发展,否则谁还会去从事这种有很多风险的海上运输活动呢?特殊的风险就会导致特殊的法律制度产生,有些制度甚至还是其他法律所没有的。这些,都使得海商法的规定与一般的法律相比看起来有些特别。

231. 各国的海商法会统一吗?

由于海上运输活动会涉及许多的国家,国家在制定海商法的时候,在顾及自己的利益的情况下要考虑与其他国家的做法尽量一致,这样才会尽可能地减少跨国运输当中的麻烦和不便。如果每个国家的法律规定都一样,这方面的麻烦不就不存在了吗。正因为如此,各国的海商法的确有一些一样的地方。

这是不是就可以说海商法以后就能统一呢?这确实很难预料。当然,由于各国经济发展水平、航运能力等有很多不同,在法律方面完全统一是非常困难的。为了推动海商法的国际统一进程,国际海事组织和联合国贸易发展委员会等国际组织已经制定了几十个国际海事公约。我国的海商法也吸收了有关国际公约的规定和航运惯例,这些做法和海商法的发展趋势是一致的。

232. 什么是国际海事组织?

为了促进海上运输和海上事务的管理,国际上先后成立了一些国际性的组织,国际海事组织就是其中之一。它的原名是政府间海事协商组织,1982年改名为国际海事组织。总部设在伦敦。这个组织的工作多与海运安全、防止船舶污染海洋、便利海上

国际海事组织徽标

运输、提高航行效率等方面有关。一些国际性条约就是通过这个组织制定的。各国还通过这个组织进行经验和情报的交流。该组织最大的特点就是在防止和控制海洋

环境污染,特别是船舶造成的污染方面做了很多工作。我国也是该组织的成员国。

233. 你知道什么是班轮运输吗?

大家都坐过公共汽车,公共汽车都是沿着固定的路线,在固定的时间内往来行驶,票价也是固定、明确的。如果某个地方不通公共汽车,人们还可以坐出租车去那里。同样,在海上运输中,托运人可以租船运输,也可以用海上的"公共汽车"——班轮来运输。同公共汽车运输类似,在班轮运输中,承运人向众多的托运人提供有固定航线与航期的班轮,将托运人的各种品种繁杂、性质各异、包装不一、批量较小的零散货物运输到目的地,托运人则要支付运费。

如果没有合适的班轮,或者由于货物品种单一,数量大,考虑到经济方便等原因,托运人便可以采用租船的方式运输。租船运输需要签订租船合同来写清楚双方的权利和义务,而班轮运输采用提单来明确双方的权利和义务,所以班轮运输又被称作提单运输。

234. 海路运输与陆路运输有什么不同?

在日常生活中,人们坐火车到外地去的时候,如果携带的行李很多,自己随身带不了,就会把行李交给铁路部门办理托运手续。这样,在目的地人们可以拿托运的单据提取行李,或者也可以委托目的地的朋友拿单据提取行李。

在海上货物运输中也会出现类似的情况。海上货物运输合同是承运人和托运人之间的合同,托运人托运货物,承运人收取运费,负责将货物经海路由一港运至另一港。承运人就是从事此项运输的人,托运人就是将货物交给承运人的人,此外运输合同中还会有收货人,他可能就是托运人本人,但更多的情况下是其他的人,比如货物买卖的情况下,托运人是卖方,收货人可能就是买方。要注意的是,在这里,"人"这个概念的范围是比较广的,它包括公司、企业等各种单位。实际上,托运人和承运人多为单位。

这样,通过海上货物运输合同就可以运送货物了。不过,如果要在目的地提货,必须有一个凭证,这个凭证就是"提单"。

235. 提单有什么重要作用?

早先,船舶所有人和货主是同一个人,没有承运人和托运人之分,运输途中遇到风险,发生货物损失全由自己承担。后来,船主和货主逐渐"分家",出现了承运人和托运人,货物脱离了货主,交由承运人来管理和运输。可是运输完毕后,货主又如何提货呢?当然需要一个凭证,这个凭证就是提单。承运人接管货物或者将货物装船后,签发给托运人一张提单,提单上载明与货物有关的各项内容,这样,一旦日后承运人所交的货物与提单的记载不一致,承运人就应当对此负责,该赔偿的就应赔偿。而谁拥有了提单,谁就可以向承运人要求提货。可见,提单对承运人和托运人都很重要。因此,为了明确起见,在提单上还写清楚了承运人和托运人之间的运输合同关系,比如可以写上什么情况下承运人要赔偿货物损失,什么情况下不用赔偿,等等。所以,提单这种单证,既可以证明有海上货物运输合同的存在以及合同的内容,也可以证明货物已经由承运人接管或装船的情况,承运人应以提单为依据,保证交付货物。

236. 运送货物要不要写"收条"?

在日常生活中,人们把东西交给别人保管,保管人会给一张收据,便于日后可以凭收据来取东西,同样,在海上班轮运输中,提单也会有充当货物收据的作用。

在海上班轮运输中,托运人把货物交给承运人,如果不留凭据,就无法保障托运人的利益,因此,托运人会要求承运人写一张"收条",即提单,表明货物已经交给承运人,或者已经装船,这样,托运人就不会忐忑不安了。而承运人要把货物的有关情况写在提单上,如货物名称、数量、规格、外表状况等,并且有责任把货物完好地运到目的地,交给收货人。如果货物没有了,或者收货人收到的货物与提单记载的情况不一致,货物少了或损坏了,收货人可以凭提单,向承运人索赔。从这方面看,提单有收据的作用。实际上,提单不仅仅是收据,它还有其他的用处,收据只是提单的一种功能而已。

237. 怎样明确承运人的责任?

承运人收到货物后,有责任把货物安全运到目的地。可是常言说得好:"行船跑马三分险。"航运业是一个有很多风险的事业,特别是在科技水平比较低的时候,海上运输货物随时都有损失的危险。提单出现的早期,只是作为货物已装上船的收据,没有各方如何承担责任的详细的条款,这样,承运人就有很大的责任,只要货物没有安全完好地运到目的地,承运人就应当负责赔偿。

随着赔款的增加,承运人就受不了。到了18世纪,承运人开始在提单上加上一些出现货物损失承运人不负责的免责条款来保护自己。例如,船舶发生碰撞,导致货物损失,如果提单上没有免责条款,承运人就要赔。于是承运人就在提单上加上"船舶发生碰撞,不管是什么原因所引起,承运人对因此产生的货物损失不负责任"这样的条款来保护自己。当然,提单上也会有货主应当注意的事项。诸如此类的条款写在提单上,就使运输合同的双方——承运人和托运人的权利和义务变得非常清楚了。这样,提单的内容就能够表明运输合同关系,提单就不仅仅是货物的收据了。

238. 交货还可以有"象征性"的吗?

做生意、买东西,就要付款交货,怎么还能"象征性"地交货呢?这个问题要从头讲起,说起来还和海上货物运输有关。

不同国家的人与人之间进行商品贸易,由于相距比较远,如何交货付款就成了一个麻烦的问题,最好的办法就是一手交钱,一手交货,这样买卖双方都很放心。但是在国际贸易中是很难做到的。比如,从外国进口一套大型的设备,光是装船和卸货就需要很多时间,另外,货物在海上运输也要花很长的时间,往往有一方在某一段时间内既没有钱也没有货,买方付了钱,可货物仍在海上的运输过程中,也可能卖方把货物装了船,运了出去,买方还没有给钱。一般来说,买方未拿到货是不愿付钱的,而卖方未收到钱又不愿交货,那这个生意应该怎么做呢?

要做这种生意,有一种办法,那就是,卖方把货装船运输后,拿到提单,再把提单卖给买方,买方拿着提单到目的地提货就行了。买方要出多少钱才能拿到提单呢?当然就是相当于货物的价格的钱。对于买方来说,是交钱买的提单,而对卖方来说收到钱后,交的不是货物,而是代表货物的提单,和实际交货不同,买卖双方用交接提单以代替实际交货的方式就是象征性交货。通过这种交货方式,正常情况下,买卖双方都可以顺利地得到自己的货物或货款。象征性交货使国际间的贸易变得更加方便了。

239. 为什么会有冒名顶替的提货人?

为了方便在国际间进行的货物买卖,可以用象征性交货的方式。一般情况下,拥有提单的人,承运人就可以认为他是货物的主人,至少是有权提取货物的人,于是,就会放心地把货交给他。转让提单会起到转让货物的效果。从表面上看,提单不过是一张普通的"纸",可是,正是因为大家都认可提单是货物所有权的证明,可以用来提货,大家才愿意付出相当于货款的钱来买这张"纸"。看来,提单是一张很不便宜的"纸"。

不过,在这样的情况下,就出现了制造假提单进行诈骗的活动,甚至有人冒充货主,用偷来的、骗来的提单提货。例如,有的人冒充所谓的买卖双方制造假提单,再把假提单卖给别人骗钱,或用假提单骗银行的钱,然后就逃之夭夭。这应当引起人们的警惕。

240. "不清洁的提单"就是不干净的吗?

实际上,海上货物运输用的提单有清洁提单和不清洁提单之分,托运人一般都不愿意要不清洁提单。不清洁提单就是弄脏的提单吗?其实不是这样。

承运人在接收货物的时候,很难对货物的内在质量进行检查,但是至少可以对货物的外表状况进行检查。如果外表状况不好,承运人就会在提单上予以注明,比如写明外包装有破损,金属的包装物有锈蚀,这种加了批注的提单叫作"不清洁提单",没有加批注的提单叫作"清洁提单"。所以这里说的"清洁"、"不清洁"跟提单脏不脏是没有关系的。根据不清洁提单的内容,由于货物包装的外表状况不好,人们就会认为在外包装破损的情况下,里面的货物也可能受到了损害,所以作为收货人一般不愿意要不清洁提单。

为了避免承运人签发不清洁提单,在出现外表状况不良的情况时,托运人有时会向承运人出具一份保函,也就是保证书,以便让承运人签发清洁提单。

241. 货物损失了可以不赔吗?

航运业是一个有风险的事业,每年在海上运输途中,货物损失能达到几十亿美元,这些损失到底由谁来负责呢?最简单的办法就是由损失方自己来负责,货主对自己的货物损失自认倒霉。可是这样会使承运人在运输货物当中越来越不负责任,不好好经营管理,放任货物的损失,甚至还会欺骗货方,反正自己不用负责嘛。这样看来,更合理的做法应当是谁有过失,谁就应对由此引起的损失负责。承运人的过失由承运人负责,托运人的过失由托运人负责。比如托运人托运危险物品而不说明,导致船和货的损失,托运人应当负责。实际上,许多货损的原因都是与承运人有关的,比如,船员驾驶船舶失误,发生碰撞,导致货损,等等。而这些情况承运人如能谨慎一些就有可能避免。"谁有过失谁负责"这样的一个确定承运人责任的基础就是"过失责任原则"。

然而,海上的风险很大,有一些是人力所不能抗拒的,还有一些虽然是由承运人过失造成的货损,但是考虑到海上的特殊风险,完全由承运人来负责不利于航海业的发展。所以有必要在过失责任的基础上规定一些承运人不负责的免责条款,照顾一下承运人。比如,规定船舶若是发生了碰撞,导致货物损失,承运人可以不赔偿。因为,这种事故无论如何是谁都不想发生的事情。这样一来,承运人承担的就是一种"不完全过失责任"。在陆地上是很难有不完全过失责任这种情况,因为人们会觉得不公平。而在海上运输中之所以有这种原则,那是因为海上有特殊的风险,公平的标准发生了变化。

242. 海上运输怎样体现合同自由?

合同是当事人设立、变更和终止各自的权利和义务的协议。如何签订合同呢?其实只要双方的意思表示一致合同就成立了。当事人签订合同有很大的自由,只要不违反法律和社会公共利益,在双方都同意的情况下,当事人签订一份合同,国家的法律是不会去干预的。所以,当事人对于合同的内容和形式的确定和选择有很大的自由,这便是合同自由,国家也会保护这种自由。合同一经签订生效,就不能违反,一言既出,驷马难追。当然,任何自由都是有限度的,比如当事人签订的走私运输毒品的合同就不会受法律的保护。

在海上运输合同方面也有合同自由的体现,但是会受到实际条件的限制,表现有所不同。在租船运输合同中,出租方和承租方讨价还价的实力差不多,能较好地体现合同自由;而在班轮运输中,班轮公司和班轮联合企业集团有强大的垄断实力,托运人很难和它们讨价还价。大家可以想象,在平时人们也很难与公共汽车公司讨价还价来改变他们的运输规则或者票价。因此,在班轮运输中,合同自由受到了一定的限制。

243. 为什么会有"哈特法"?

在海上运输中常发生货物损失,运送货物的承运人因此常面临索赔,为了保护自己,承运人便在提单上加了一些免除自己责任的免责条款,比如写上船舶搁浅发生的货物损失不赔,火灾发生的货物损失不赔,等等。随着赔偿事故的增加,免责的范围也逐渐扩大,到了19世纪80年代,免责条款已经达到六七十项,货主们非常不满意,认为承运人除了收取运费以外,简直就没有其他什么责任了。而作为承运人的班轮公司势力强大,货方难以通过讨价还价来改变这种局面。这对于代表船方利益的航运大国来说是有利的,而对于代表货方利益的其他国家来说却是不利的。为了明确承运人的责任,限制承运人滥用免责条款,美国于1893年通过了以提案人的名字命名的《哈特法》,该法规定了承运人最低限度的义务,以及可以免责的范围,在这个限度和范围之下,不允许承运人再减少和免除自己的责任。该法后来被其他国家的法律以及国际公约所借鉴,对海商法的发展影响也很大。

244. 什么是《海牙规则》?

国际贸易的发展需要明确承运人的责任和义务,在19世纪末和20世纪初的时候,当时代表货方利益的美国主张统一提单规则,代表船方利益的英国则坚持当事人的订约自由,这使得订立一个被普遍接受的有关提单的国际公约显得很困难。于是美国便单独制定了自己的国内法——《哈特法》。美国的《哈特法》订立了一套承运人应尽义务的标准,承运人不能超出这个标准滥用免责权利,在提单上添加免责条款或减少自己的义务。《哈特法》的施行取得了较好的效果,其他国家也纷纷效仿,这最终导致了有关国际公约的出台。1924年,《统一提单若干法律规则的国际公约》在比利时的布鲁塞尔签订,1931年6月2日起生效。这个公约的草案就是以哈特法为基础而制定的。由于公约曾在荷兰的海牙会议上被批准过,所以,它常被简称为《海牙规则》。

245. 为什么要有"适航"的要求?

承运人在船舶开航前和开航时,应谨慎处理,使船舶适航,这是法律所规定的。那么,什么是适航呢?顾名思义,就是适合于航行。怎样才算是适航呢?首先,船舶要合乎标准,船体要坚实、紧密,经得起在预定航程中可能遇到的一般风险,不能是一个"豆腐渣工程";其次,要妥善装备船舶设施,配备供应品;再次,要有足够的船员,船员的素质要合格,不能是外行;最后,船舶的装货地点要适合于承运的货物,比如运送冷冻物品要有合适的冷库,这被称为"适货"。

新船下水

适航是承运人应当尽到的责任,如果因为不适航而导致货物损失,承运人应当负责赔偿,谈不上什么免责,实际上,只有在适航的前提下才可能有免责的权利。船舶的适航标准会因不同种类的货物、不同特点的船舶、不同的航行区域,甚至不同的季节而有所不同,比如在不同的季节下,在寒带水域航行和在热带水域航行,船舶所遭遇的风险不同,对船舶航行安全的影响也就不同了。

246. 船舶每时每刻都要适航吗?

承运人使船舶适航的责任,并不要求承运人保证船舶在整个航程中适航,而只要求船舶在开航前和开航时适航。因为海上的风险很复杂,难免会遇到事故,并造成船舶损坏,要求承运人每时每刻都能保持船舶适航是不符合规则要求的。

港口的船舶

是不是在开航前和开航时船舶不适航承运人都要负责呢?也不是,因为人的能力是有限的,如果承运人已经恪尽职守,谨慎处理,仍不能发现和解除船舶的潜在缺陷,那么对于由于这种潜在缺陷导致的货物损失,承运人不负责任。所以,不管承运人有没有过失,不管承运人有没有尽到责任,甚至不管承运人有没有预见,也不管发生了什么不适航的情况,只要是不适航,承运人都要负责,这种绝对意义上的适航责任过于严格,非常不利于承运人,这是不符合规则要求的。

247. 航行中可以绕航吗?

海上的风险很大,货物多在海上停留一天,货主就要多担心一天。所以,承运人都会尽快地、直接地和安全地将货物运送到目的港,承运人在起运港和目的港之间也会选择最近的航线,而不绕航,法律也不允许不合理的绕航。

不过,合理的绕航还是允许的。什么才是合理的绕航呢?船舶为了救助或者企图救助海上人命或财产而绕航就是合理的,实际上,为拯救海上人命而绕航往往是必需的,因为根据一些国际公约和许多国内法的规定,对收到的求救讯号必须予以回话并做出反应,否则,见死不救甚至会构成刑事犯罪。另外,其他的理由也有可能构成合理绕航,如在运输过程中遭遇到不能抗拒的恶劣天气等危险而不得不绕航,而且运输提单上也写明了允许诸如此类的情况可以绕航,那么,这种绕航也是合理的。承运人对合理的绕航所引起的货物损失,不负赔偿责任,但是对不合理的绕航所引起的货物损失,就应该负赔偿责任了。

248. 为什么驾驶和管理船舶的过失可以免责?

根据《海牙规则》的规定,承运人对船长、船员、引航员或者承运人的其他受雇人,在驾驶船舶或者管理船舶中的过失造成的本船货物的损失不负赔偿责任。这被认为是最不合理的免责条款,承运人的受雇人出现过失造成的损失怎么能免除责任呢?货方对此很有意见。可是海上的风险毕竟比陆地上的风险大得多,为了鼓励和发展海上运输业,有必要给予承运人适当的照顾,特殊的风险总要有特殊的规则。于是在承运人与托运人之间的矛盾和斗争中达成了妥协,规定凡是因为船长、船员等承运人的受雇人在管理货物中的过失引起的本船货物损失,承运人应当赔偿,不能免责;如果是因为上述人在驾驶船舶或管理船舶中的过失,而不是管理货物的过失引起的本船货物损失,承运人就可以免责。比如,由于驾驶船舶的过失,导致船舶搁浅,引起了货物的损坏,承运人可以免责,不用赔偿货主的损失。

不过,这种免责必须以船舶适航为基础,如果是因为船舶不适航引起海损事故,比如是因为船舶本身结构有缺陷,导致搁浅,并致使本船货物损失,承运人是不能免责的。因为使船舶适航是承运人必须尽到的基本的责任。

249. 怎样分清是管船还是管货?

对于承运人来说,管船的过失可免责,而管货的过失就不能免责了,所以,在船舶开航后,船长、船员等在管理船舶时操作失误,比如没有及时疏通闭塞的排污水管、不适当地使用水泵等,导致发生事故,引起货物损失,承运人可以免责;而照料、管理货物是承运人必须尽到的义务,所以承运人对于管货的过失不能免责。法律规定,承运人应当妥善地、谨慎地装载、搬移、积载、运输、保管、照料和卸载所运货物,因此,承运人在管理货物中有过失引起货损,应当承担责任。

不过,在实践中,管理船舶的过失和管理货物的过失往往较难区分。比如在寒冷天气里,燃油舱内的燃油结块,船员便对燃油舱进行加热,使燃油能流动顺畅,但不慎加热过度,致使船上所载的粮食损坏,承运人应不应对货损负责呢?这首先要判定船员的行为是管船的行为还是管货的行为,判定的标准是看这个过失行为主要是针对船舶,还是针对货物,如果是针对船舶,这个行为就是管船的过失行为,可以免责;反之,则为管货的过失行为,不能免责。不难看出，前面的这个例子中的行为属于管船的行为，承运人对船员的这一过失导致的货损可以免除责任。

250. 水浸水泥的损失谁来负责？

有这样一种情况，一艘装载水泥的轮船在航行途中，一个船员在离开舱内的时候没有将出入通道的防水舱盖关好，所以海水很容易就进入了舱内，使水泥变质损坏。收货人于是向承运人索赔，承运人便主张货损是船员管理船舶的过失引起的，想要免除责任，因为货舱是船舶的固有的一部分，没关好舱盖总应当算是管船的过失吧，而管船的过失是能够免责的。那么，到底是不是管船的过失呢？后来查明，船员进出货舱的原本目的是为了查看舱内的货物，而不是出于管理船舶的需要。所以他的过失属于管货的过失，承运人就没有免责的权利了，应当赔偿收货人的损失。

251. 火灾一定能成为免责的事由吗？

在海上航运中，一般来说，火灾引起的货物损失承运人是可以免责的，不过由于承运人本人的过失所造成的火灾就另当别论了。所以，如果是船员用火不慎引起了火灾，烧坏了货物，承运人对此不用负责赔偿；但是，如果船员的行为是承运人所指使的，比如为了骗取保险金，而烧毁船舶，那么，承运人本人违反了诚实信用的原则，是有恶意的，承运人不能免责。如果在船舶开航前或在开航时，承运人没有谨慎处理，使船舶适航，例如船上电器和电线线路年久失修，漏电引起火灾，这种火灾是船舶不适航引起的,承运人要负责,不能以火灾为由免责。火灾有可能是承运人一个免责的事由,但不是所有的火灾都能成为免责的事由,这要看引起火灾的具体原因。

252. 谁来对天灾海难负责?

海上的危险和意外事故经常出现,也很难预料,造成损失是难以避免的。而天灾是一种不可抗力,是人力所不能预见、不能避免、不能抗拒的,像海啸、雷击等,被称为是"上帝的行为",人们无能为力,因此造成的损失承运人是没有责任的,只能由货主自己承担损失了。

飓风吹袭

可是,航运中遇到的海上危险有很多,难道都能够免除责任吗?实际上,一艘适航的船舶,配备有适当的船员,应能够抵挡预定航线上的一般风浪,这种一般的风浪称不上是海难或不能抗拒的风险,不能成为免责的理由。但是如果遇上了不可预见的罕见的特大灾难、危险或者意外事故,超出了该船所能抵御的程度,就能成为免责的理由。由于海上风险非常多,一旦出现货损后,承运人往往喜欢把它当成常用的推卸责任的理由,但实际上不一定都能够成功。

253. "运河之争"能不能成为免责的理由?

战争行为影响到海上运输导致货损承运人是难以防

止的，因此，承运人可以不负责任。可是，什么才是战争呢？国与国之间发生武力冲突就一定是战争吗？传统上一般认为，双方公开宣战才能叫作"战争"。但是，实际上不宣而战的例子是很多的，这样的问题也会引起纠纷。

大家知道，埃及的苏伊士运河是连接地中海和红海、沟通大西洋和印度洋的捷径，对于航海人来讲，通过苏伊士运河比绕过非洲的好望角要省很多的时间和费用。苏伊士运河是法国人开凿的，后来英国人也一度占有运河的很大一部分股权。1956年7月，埃及总统纳赛尔宣布将运河收归国有，10月，英国和法国以保护本国资本的名义发动对埃及的武装行动。这一行动影响到了航运业，往来的船舶和货物要么可能遭受到损坏，要么需要绕航改道好望角，对这方面的损失承运人应不应负责呢？事实上，这要看这次武装行动是不是"战争"，虽然英法并没有宣战，但从这次行动对商业的影响和一般人的眼光来看，应属于战争行为，承运人应当免责。

254. 什么是公敌行为？

在《海牙规则》中，公敌行为是一个承运人可以免责的理由。公敌行为与战争行为有些相似，但是范围较窄。只要是战争，不管是否与运输船舶的船旗国交战，都属于战争行为，而公敌行为只是与该船旗国为敌的敌对行为。比如"二战"期间，英国商船被德国潜艇击沉既是战争行为又是公敌行为，因为那时英德是作战的双方。而在伊拉克和伊朗之间的两伊战争时期，并未与伊朗和伊拉克为敌的第三国的船舶被炮火击中，则对该船而言，这样的行为是战争行为。

实际上,公敌行为并不仅仅发生在战时,在平时也有,最常见的就是海盗行为。海盗往往被视作国际公敌。船舶若遇到海盗抢劫造成货物损失,承运人可以以公敌行为为由免责。我国的海商法没有用"公敌行为"这个词,而是用"武装冲突"这个词来概括。

255. 熏蒸损坏香蕉该由谁来承担损失?

曾经有过这样的事情,一艘载运香蕉的船舶由台湾的高雄港驶往日本,由于高雄刚刚发生霍乱,日本政府对从高雄来的船舶都要进行熏蒸消毒,一熏就是好几天,结果船上的香蕉全部变坏了,承运人对此到底应不应负责呢?按法律规定,如果是由政府或者主管部门的行为、检疫限制或者司法扣押引起的货物损失,承运人可以免责。比如由于政治原因,目的港所在国与船舶的船旗国关系突然恶化,下令将到港的船舶货物扣押,承运人对因此造成的货损不负责。而前面所说的事件中香蕉的损坏是由政府的检疫限制措施引起的,对于承运人来说是无可奈何的事情,承运人也可以免除责任。

256. 粮食生虫是不是"固有缺陷"?

在海上运输中,不管托运人和承运人如何努力,有时候由于货物的自然特性或者"固有缺陷",货物仍然会减少或者损失,在这种情况下,承运人就不用负责了。因为这种损失是正常的、难免的,这应当是允许的。例如,装载的谷物会有水分蒸发,导致重量减少,装载的矿砂在装卸的时候有一些会随风飘散,易腐货物会变坏,粮食会生虫,等等。但有时货物的"固有缺陷"和船舶不适航难以区分,比如粮食生虫了,有时货主会认为是承运人未尽到适航的义务,货舱不适合装货、通风不好,等等,而承运人会认为是货物本身的"固有缺陷"。对于这个问题就要根据事实具体分析并进行判断。

257. 咸鱼变坏是谁的责任?

有一艘装载一批咸鱼的船舶在到达目的港时发现咸鱼已经变坏,货方认为承运人未尽到使船舶适航的义务,并且没有妥善地、谨慎地照料和看管好货物,而承运人认为自己已经尽到了职责。后来发现货方在装货时并没有要求将货物装入冷冻舱,也没有提出其他特别的保管货物的要求,承运人当然也就不知道该货物需要更多的特殊保管措施了。所以船舶虽然没有冷冻舱,但承运人已经按通常的方法使货物保持最大的通风状态,因此船舶没有不适航,承运人也尽到了照料和看管货物的责任。而咸鱼变坏是由于咸鱼的咸度不够这个固有缺陷引起的,承运人对此可以不负责任。

258. 丢失的珠宝谁来赔?

在海上运输过程中,由于货物包装不良或者标志欠缺、不清而引起货损,承运人可以免责。因为托运人有责任包装好货物,并做好标志,这样承运人才能根据已经知道的货物有关情况照料保管货物。

据说在早年还是用人力搬运货物的时候,有一个装有珠宝的箱子在搬运的过程中掉在甲板上,不想箱盖随即翻开了,珠宝便散落到甲板上并掉到了海里。装有珠宝这种贵重货物的箱子这样容易打开,当然就被认为是包装不善了,对于珠宝的丢失承运人不负责任,只能由货主自己来承担损失了。

259. 谁承担航运中货损的责任?

发生货物损失后,如果承运人有免除责任的理由,对货物的损失不负责,那损失由谁来承担呢? 当然是由货主自己承担。例如,收货人从托运人那里获得一份提单,等到货物到达目的港后去提货的时候却被告知由于途中刮台风,货物已经损坏,甚至全部掉到海里了,而承运人又可以免责,这样,收货人只能自认倒霉了。

海损事故

那么,通常情况下,收货人怎样避免自己的损失呢? 最好的办法就是由托运人在托运货物的时候办理一份货物保险,将保险单连同提单一并转让给收货人,这样在货物灭失的时候,收货人可以凭保险单向保险公司索赔。由于有保险的存在,最终赔偿的人就是保险人了,收货人的损失就可以得到弥补。不过这样一来,原先在通常情况下,由于货损所引起的承运人和收货人之间的纠纷,就会转化为承运人和保险人之间的索赔和赔偿的关系。

260. 为什么会有"赔偿责任限制"？

在海上运输中，对于货损承运人有很多的免责的理由，这在很大程度上照顾到了承运人的利益。尽管如此，一旦发生了由于承运人不可免责的过失引起的货损，承运人还是会因为赔偿而损失惨重。大家知道，海上运输的货物往往数量大、总价值高，损失数额也往往会很大。巨额的赔偿对于承运人来说也往往难以承受，承运人还是要寻求进一步的保护。于是，在与货方的争论和妥协中，产生了承运人的损害赔偿责任限制制度，规定了承运人的赔偿有一定的限额，损失若是大于限额的部分，承运人就不再赔偿了。

我国《海商法》规定，承运人对货物的灭失或者损坏的赔偿限额为每件或每货运单位666.67特别提款权，或按照货物毛重每千克2特别提款权，二者以较高的为准。但是，对于托运人在货物装运前已经申报其性质和价值，并在提单中注明的，或者承运人与托运人已经另外约定高于这一赔偿限额的，应以注明和约定的为准。这里的特别提款权就如同人们常提到的美元、英镑一样，是国际上的一种货币单位，不过与美元、英镑不同的是，特别提款权是根据几种国际流通的货币的币值和流通的情况测算出来的，因而币值更稳定，能较好地防止通货膨胀以及汇率波动的影响。

261. 为什么会有《维斯比规则》？

《海牙规则》对统一国际海上货物运输法律起到了很大的作用，船货双方的利益因此达到了一定的平衡。但是随着经济的发展和科技的进步,又出现了许多新问题。比如,货方认为承运人的责任限额过低,承运人免责范围过大,而且海牙规则不适应新出现的集装箱运输方式,等等,于是在1968年的海洋法外交会议上又通过了《修订统一提单若干法律规定的国际公约的议定书》,来解决这些问题。在讨论这个议定书的时候,会议成员曾到瑞典果特兰岛的维斯比城签署了该议定书,所以人们借用中世纪"维斯比法"的名声,将该议定书简称为《维斯比规则》,经该议定书修订后的《海牙规则》成为《海牙-维斯比规则》,这一规则体系影响是非常广泛的。

262. 什么是《喜马拉雅条款》?

在1953年,英国的"半岛及东方"公司的"喜马拉雅"号客轮在靠港的时候,由于水手长的过失,舷梯未放好,致使一名女乘客摔伤。该乘客发现依据客票上的免责条款,承运人对此损害能免除责任。于是她就以水手长为被告起诉索赔。法院判决认为,水手长是承运人的受雇人,不能用免责规定,结果她获得了全部的损害赔偿。这是因为虽然承运人本人(比如船公司)有一些免责和限制赔偿责任的权利,但是承运人的受雇人和代理人却没有这种权利,他们不是运输合同的一方当事人,和作为承运人的轮船公司的地位不同,不能享有免责和限制赔偿责任的权利。可是根据法律的规定,受雇人和代理人在履行雇主的事务的时候,对他人造成的损害,雇主要承担赔偿责任。实际上,类似本案的情况,虽然是水手长败诉,但赔偿的负担最终还是要落在作为承运人的船舶公司身上的。

这个案件发生后,承运人为保护自己的利益,便纷纷在提单或客票上写上一个条款,规定承运人的受雇人和代理人可以援引承运人的免责理由和责任限制权利。这被称为《喜马拉雅条款》。在《维斯比规则》里也对这一条款的内容做了明确的规定。

263. 什么是《汉堡规则》?

无论是《海牙规则》还是《维斯比规则》,对于承运人的责任原则采用的都是"不完全过失原则",也就是说,承运人虽然要对自己的过失负责,但同时又有很多可以免责的事项。这总的来说还是有利于承运人一方,而不利于货主。因此,许多国家特别是航运业相对不很发达的发展中国家强烈要求从根本上改变承运人的责任基础,由"不完全过失责任"改为"完全过失责任",取消承运人不合理的免责权利。经过努力,在联合国贸易和发展会议的组织下,1978年,在德国的汉堡通过了《1978年联合国海上货物运输公约》,这个公约简称为《汉堡规则》。

和《海牙规则》、《维斯比规则》相比,《汉堡规则》最大的变化是删除了承运人对船长、船员等在驾驶船舶或管理船舶以及火灾中的过失免责的条款,改变了承运人的不完全过失责任原则,而对承运人实行完全的过失责任原则。《汉堡规则》虽然也有一些免责的事项,但这些事项都是承运人以及他的受雇人或代理人无过错的情况,比如类似台风等这样的不可抗力的情况。由于《汉堡规则》的参加国较少,而且均为航运不发达的发展中国家,所以《汉堡规则》的影响力也相对较小。

264. 旅客运输合同与货物运输合同有什么不同？

在海上，通过船舶除了可以运输货物以外，还可以运送旅客。海上旅客运输合同，是指承运人以适合运送旅客的船舶，经海路将旅客及其行李从一港运送至另一港，由旅客支付票款的合同。海上旅客运输合同与海上货物运输合同由于运送的对象不同而有一些不一样的地方，最重要的区别是承运人的归责原则（也就是确定谁应当负责的标准和根本方法）不同，海上货物运输合同中，承运人对于驾驶船舶和管理船舶中的过失可以免责，所以是以不完全过失责任制为归责原则的。而海上旅客运输合同的承运人是以完全过失责任制为归责原则的。在海上旅客运输合同中，承运人不享受任何的过失免责的权利，并且承运人要使船舶在整个航程中适航，而不是仅仅在开航前和开航时。这说明法律对海上旅客运输合同的承运人要求要严格得多，这是因为旅客和货物毕竟不一样，人命关天，从人道主义的角度出发也应当如此。

海洋权益

严格的船舶管理

265. 什么是船舶？

航海运输离不开船舶,船舶是海上运输的工具,海洋法的许多法律关系都是与船舶有关的,所以船舶的地位是非常重要的。那么,什么是船舶呢？

散货船

这个问题看起来很普通,日常生活中的船舶就是航行于水中的一种器械或装置,包括航行于江河湖海上的一切船舶。然而,海商法中的船舶却有特殊的规定,一般来说,海商法主要在以下几个方面对船舶的范围进行限定:一个是用途方面,如只适用于商业目的的船舶,不包括用于军事目的、公务目的的船舶。另一个是在航行能力方面,如只限于在海上有航行能力的海船,不包括不可航行的固定设施。再一个是在船舶吨位方面,如排除小于一定吨位的船舶,等等。到底如何限定船舶的范围,各国的法律规定并不一致。我国《海商法》第三条规定:"本法所称船舶,是指海船和其他海上移动式装置,但是用于军事的、政府公务的船舶和20总吨以下的小型船艇除外。"这里的船舶包括船舶属具,如锚、救生艇等。

266. 为什么要给船舶一个家？

船舶有没有自己的家呢？这好像是一个奇怪的问

题,因为往往是人才有自己的家,船舶是没有生命的。然而,人们在制定法律的时候往往把船舶当作人来对待,把船舶拟人化,给船舶以人的特性,这样船舶就有了名称、"户口所在地"——船籍港,还有国籍、年龄、登记号等。船舶不存在了,还要注销登记。

把船舶拟人化并给船舶一个家,使得船舶容易被识别和辨认,便于管理,而且使复杂的船舶关系简单化了,有利于解决有关的纠纷。因为各种船舶关系和纠纷虽然实际上发生在人和人之间,而不是船和船之间,但是如果知道了船舶的身份,也就不难找到船舶的主人或者其他与船舶有关的人了。

267. 船舶是"动产"还是"不动产"?

人们可以把物品分为动产和不动产,其中动产是指可以被移动而不会损害其经济价值的物,比如人们学习用的书包、钢笔等。不动产是指占有固定位置,移动后会影响其经济价值的物,如房屋、土地等。区分动产和不动产有什么作用呢?举一个例子来说,比如如何知道某个东西是属于谁的呢? 一般情况下,动产往往由他的主人占有和控制,这个问题较容易明确;而不动产则不同,比如房屋,不管他的主人如何更换,它仍然在那里呆着,不能被带走,所以,为了明确不动产的主人,就必须对不动产的有关情况进行登记,这样,必要的时候查一查就能搞清楚了。

船舶实际上是动产,不过,它的价值往往很大,而且和房屋、土地类似,主要发挥使用的用途,用来搞海上运输,船舶在运输活动中常常脱离它的主人的实际控制,由船长和船员管理和驾驶,还常被租借给他人。为了明确围绕着船舶所发生的各种法律关系,有必要按不动产的方式对船舶进行登记等处理。

268. 为什么要给船舶"上户口"?

船舶的所有人和其他对船舶有某种权利的人,为了取得和证明自己的身份,就必须进行船舶登记,给船舶上"户口"。通过登记,代表国家的登记机关就会对船舶进行注册,签发相应的证书,确认船舶的有关情况。船舶所有人也可通过登记,来明确船舶的国籍,并可以悬挂该国国旗航行。

那么,船舶登记有什么作用呢?一般来说,国家在对船舶进行登记的时候,对船舶的构造、设备、航行能力等都有一定的要求,只有达到一定技术要求的船舶才准予登记,这样,就有利于对船舶进行监督管理以保障海上航行安全。登记还便于识别船舶的身份。对于船舶的权利人而言,通过登记明确自己的权利,对保护自己的合法权益也有重要的意义。

269. 实行船舶"开放登记"的有哪些国家?

船舶要进行登记,不过每个国家的法律不一样,登记的条件也不一样。根据船舶登记条件的宽严程度,可以将船舶登记分为开放登记与正常登记。正常登记是指登记国对船舶登记有一定限制条件的登记,大多数国家的船舶登记属于正常登记。而有些国家对船舶登记各方面的要求非常宽松,并且允许任何国家的船舶所有人前来进行船舶登记,这种制度被称为船舶开放登记制度。外国船舶所有人通过登记,使自己的船舶拥有了开放登记国的国籍,并在自己的船舶上悬挂该国的国旗航行,但实际上船舶与该国并没有实际的联系。所以习惯上,人们将这种悬挂开放登记国国旗的船舶称为"方便旗船"。开放登记对于船舶运输管理有很多不利的地方。在世界上实行开放登记的国家主要有巴拿马、利比里亚、塞浦路斯、洪都拉斯等。

270. 为什么要进行船舶抵押?

从事航海业,除了要有技术、懂经营以外,当然还要有船舶,但是无论是建造船舶或购买船舶,还是日常营运,都需要大量的资金。没有钱怎么办呢?当然可以向银行等金融机构贷款,银行也可以由此获得可观的利息。可是银行也担心借出去的钱还不回来,于是银行便会与海上运输业者签订船舶抵押合同,以将来利用贷款建造或购买的船舶作为偿还贷款的担保物,一旦海上运输业者不能还本付息,银行可以依法拍卖船舶,以拍卖所得的价款补偿银行的损失,这样便有了船舶抵押权制度。抵押人便是海上运输业者,抵押权人便是银行等贷款人。实际上,在海上运输业者和其他人之间也可以用船舶抵押的方式来保证债权债务关系的实现。船舶抵押权制度对于债权人保障债权的实现是有帮助的,对航海业也有促进作用。

271. 谁负责对海上安全进行监督管理?

国家为了保证水上运输的安全,一般都设有相应的安全管理机构。这种机构叫作海上安全监督管理机构。在我国,这个机构就是海事局,海事局是在原中华人民共和国港务监督局(交通安全监督局)和原中华人民共和国船舶检验局(交通部船舶检验局)的基础上,合并组建而成的。海事局为交通部直属机构,实行垂直管理体制。根据法律、法规的授权,海事局负责行使国家水上安全监督和防止船舶污染、船舶及海上设施检验、航海保障管理和行政执法,并履行交通部安全生产等管理职能。

中国海监船

在外国也有类似的机构,大部分国家的这些机构由主管航运的交通部门领导,也有的由国防部门或公安部门管辖。尽管这些管理机构的名称和行政隶属关系不同,但是职责范围大多与海上安全事务有关。

272. 海事局负责管理哪些事务?

海事局主要负责海上的航行安全,所以它的工作主要是实施对航行行政事务方面的管理,比如管理船舶、设施及其水上航行、停泊和作业的各种活动,保障水上交通安全,防止船舶污染水域,等等。具体地说,海事局的业务范围包括航行的水域管理、船舶管理、船员的管理、船舶交通管理、船舶防污染管理、危险物品的运输管理、航标管理、海上搜寻与救助、海上事故调查处理等若干方面。海事局的这些活动对于人们更好地利用海洋、确保海上的安全有着重要的作用。

中国海事局徽标

273. 什么是海岸警卫队？

在美国，负责海上安全管理的机构叫作海岸警卫队，它是美国政府对海域、港口、湖泊和内河实行水上安全监督管理的主要机关。在平时是受运输部领导，而在战时则是海军的一支特种部队。海岸警卫队的总部设在华盛顿，下设东、西两个大区司令部和12个地区司令部，并在全国设有54个分部，每一个分部管理附近一个或几个港口。海岸警卫队人员众多，装备设施齐全。除了行使类似我国海监的职权以外，它还有一定的司法警察权，可以充当警察，有权缉私，取缔海上犯罪，并对有关的船舶、设施以及人员进行搜查、罚款、逮捕和扣留。

274. 为什么要设定禁航区？

禁航区是指禁止船舶进入和穿越的水域。由于某些水域地理位置重要，关系到国家的安全或国防利益，需要划定禁航区。为军事目的划定禁航区，由国家的军事主管部门批准。对于一般的航行来说，划定禁航区主要是出于安全因素的考虑，有的水域就可能是因为水文情况复杂，对航行有潜在的危险因素，也可能会被划为禁航区。除军事需要这种情况外,在沿海水域划定禁航区都是由国务院或交通主管部门批准的。对于禁航区,除非经过有关部门的特别许可,一般是严格禁止船舶进入或穿越的。

275. 港外锚地是内水还是领海?

什么是港外锚地呢?根据《联合国海洋法公约》的定义,港外锚地实际上就是一种避风条件好的装卸锚地,船舶可以在这里停泊并装卸货物。从地理上说,港外锚地的地理范围可能完全在领海以内,也可能一部分在领海以外而另一部分在领海以内,甚至可能完全在领海以外,但是考虑到港外锚地主要是用于装卸作业和船舶避风,为了港口管理的方便等因素,不论港外锚地的地理范围如何,在法律上都被视作沿海国的领海。而港口水域则是属于内水水域。

276. 为什么要打捞航道里的沉没物?

大家都知道,在海上和其他水域里,有时会有一些沉没物、漂浮物,比如沉船、废旧渔具、海上施工的遗留物等。这些物体有的有潜在的爆炸危险,有的有修复使用的价值,有的虽然没有修复使用价值,但也有拆卸利用的价值,所以打捞这些物品有利于清除妨碍航行的隐患,确保航行安全,有时还可以废物利用。不过,打捞主要是为了保证航行的安全。为了这个目的,海事部门可以限定时间,要求物品的所有人、经营人打捞清除,否则港监等主管部门有权采取措施强制打捞清除,而且,全部费用由沉没物、漂浮物的所有人或经营人负担。

277. 如何对付影响航行的沉船？

古往今来，在海洋上已经出现了许许多多的沉船事故，而这些沉船又绝大多数仍旧沉睡海底，这些船舶沉没了，有时会严重阻塞航道，对航行安全有十分不利的影响。特别是对于现代发生的沉船事故，对那些不及时打捞就会严重危害船舶安全航行的沉船，海事部门有权立即进行打捞，必要时可以解体清除，但是应当将采取的措施及时通知沉船所有人，所有人不明的应当公告。对于其他的妨碍船舶航行、航道整治或工程建筑的沉船，可以根据具体的情况，通知或公告沉船的所有人，规定期限打捞。对于一般的沉船，所有人应当自船舶沉没之日起一年内提出打捞计划和完工期限，经过批准后打捞。如果没有在规定的期限内申请打捞，或完工期限已经期满，而沉船仍没有打捞的，原有的所有人就丧失了对船舶的所有权。

278. 谁来承担打捞沉船的费用？

一般来说，沉船的所有人有打捞沉船的义务，当然也就应当负责打捞沉船的费用。可是有的沉船价值不高，而打捞的费用却很高，难度大，沉船的所有人不愿出面打捞，所以往往很难找到他们。但是为了航行的安全又不得不打捞，因为在有的地方，沉船就像暗礁一样，会导致别的船舶遇险。结果可能就是恶性循环了，沉船越来越多，危险越来越大。这样就只好由政府进行打捞了，这要花费很高的费用。虽然明确规定打捞的费用由沉船的所有人负担，但是所有人往往又难以找到。在船舶所有人找不到的情况下,那花的钱谁来承担呢?这的确是一个问题。为解决这个问题,有人提议,为了防止无人承担打捞费用的情况出现,可以向船舶提前征收一定的费用,形成一个基金,日后万一出现上述情况,可以用基金里的钱来支付沉船的打捞费用。看起来,这不失为一个可行的办法。

279. 为什么要给船舶进行"体检"?

一艘船舶能不能出海航行,能不能抵抗一般的海上风险,直接关系到生命和财产的安全。所以,为了安全起见,需要对船舶在必要的情况下进行检验,通过"体检"来查清船舶有没有"伤病"。这就像对陆地上使用的汽车等交通工具进行检验一样。不过对船舶的检验可要复杂多了。进行检验的标准往往是国际公约和船舶规范明确规定的,

船舶检修

检验的机构是国家授权或国际上承认的船舶检验机构或个人,这样的检验结果才有权威性,能够被普遍地接受和认可。为了确定船舶及其设备是否符合预定的用途,是否能在一定的航行区域航行,明确船舶的营运能力和条件,检验时要对船舶的设计、制造以及技术性能进行审核、测试和鉴定。船舶检验可以分为法定检验和船级检

验。

280. 为什么要对船舶进行法定检验？

对船舶的法定检验是为了保证海上航行的安全而对船舶进行的一种强制性的技术监督检验。海上航行有很多风险，人命关天，不是随便造一艘船就可以下海航行的，必须经过这种强制性的检验，并取得相应的合格证书后，才能航行和营运。我国的《海上交通安全法》第四条规定，船舶和船上有关航行安全的重要设备必须具有船舶检验部门签发的有效技术证书。这里的检验部门是指国家主管部门或授权的组织，要么是政府船舶检验部门，要么是经授权的民间的船级社。我国海事局船舶检验处负责船舶检验和船舶技术监督的管理工作。

281. 为什么会有船级检验？

有了船舶的法定检验，一般能够保证船舶的航行安全。但是有时还要有船舶的入级检验，因为船舶的航行营运能力也是千差万别的，为了区分性能不同的船舶，人们对船舶也分了若干的级别，以适应不同的航行需要。比如在一些租船运输合同中，由于航行区域环境比较危险，气候恶劣，运输物品特殊，货物所有人或租船人就可能需要船级比较高的性能良好的船。而一艘船是否具备某一船级，或者能不能保持某种船级，必须经过检验才能确定。于是便有了船级检验。对于船舶保险来说，不同的船级表明不同的风险承担能力，这关系到保险公司是否愿意对船舶进行保险的问题，而且还会影响到保险费的多少，在这种情况下也需要对船舶进行船级检验。

282. 世界上有名的船舶检验机构有哪些？

船级检验也叫入级检验，一般是民间船级社对申请入级的船舶所进行的检验，具有公证的性质，也就是说，这种检验可以证明船舶的实际状况。通过检验，查明船舶的船体、设备、轮机和货物冷藏装置等方面是否处于良好的状态，符合哪一个船舶级别。"入级"便表明船舶的技术状况满足了船级社规范的要求。一方面，船级检验保证了航行安全；另一方面，在办理与船舶有关的保险、索赔以及处理海事纠纷的时候，办理船舶入级检验，日后可以作为船舶状况的一种证明材料。在世界上比较有名的办理船级检验的机构有英国的劳埃德船级社、美国船级社、日本海事协会等。我国的船舶检验机构也办理船级检验。

283. 船舶进出港也要签证吗？

大家都知道，人们如果要出国，必须得到要去国家的签证才行，这表明已经得到了对方国家的许可。同样，船舶进入和驶出港口，为了保证航行的安全，也要进行进出港的签证。我国的《海上交通安全法》规定，本国籍的国内航行的船舶进出港口，必须办理进出港签证。实践中，一般是在船舶在港期间办理出港的签证，只有符合航行安全要求的船舶才能获得签证并离港。未经签证的船舶不得离港。不符合航行安全条件的船舶，在没有采取必要的安全措施或改善前，港监有权不予签证，并禁止船舶离港。

284. 外轮和国轮是否内外有别?

船舶可以分为不同的种类。在我国,根据船舶的国籍不同,可以将船舶分为国轮和外轮。国轮是指在本国登记或悬挂本国国旗的船舶,外轮是指在外国登记或悬挂外国国旗的船舶。一般来说,国家对国轮和外轮的管理制度往往是不同的。由于港口水域是内水,而港口以外的海域多为领海,不同的水域有不同的法律制度,国轮和外轮的待遇也因此不一样。沿海国会制定外轮在某些地方航行的专门的制度,比如外轮进入港口等内水需要得到批准,规定外轮没有沿海运输权,等等,这主要是考虑国家的主权和安全。

285. 沿海运输权是一种什么权利?

沿海运输权就是在一个国家内沿海港口之间进行船舶运输和拖航的权利,与之相对的就是在不同国家不同港口之间船舶运输的权利。出于国家主权和保护本国航运利益的需要,国家往往只允许本国的船舶有这种沿海运输权。我国的《海商法》规定,在我国港口之间的海上运输和拖航,均由悬挂中国国旗的船舶经营。如果没有经国务院交通主管部门批准,外国籍船舶不得经营我国港口之间的海上运输和拖航。但是同时又规定,法律法规有另外规定的除外。那么,另外规定又会是什么情况呢?比如在出现我国航运能力不足等特殊情况的时候,可以根据实际情况的需要,允许外轮从事沿海运输的经营业务。

286. 一国的船舶能不能悬挂别国的国旗？

大家已经知道，船舶都应当悬挂自己国籍国的旗帜，方便旗船也是如此的。尽管方便旗船和登记国之间往往没有真正的联系，但是仍是经过了正规的登记手续的，方便旗表明的国家和登记国还是一致的。而另外有一种情况是，船舶准备了别的国家的旗帜，为了运输的方便，随时更换旗帜，这就难以判断船舶的真正国籍。最常见的就是海盗船，那些船舶往往利用这种"挂羊头卖狗肉"的方式伺机接近抢劫的目标。所以那些国籍不明的船舶往往会成为沿海国行使紧追权和登临权的对象。每个国家都不允许船舶不经国籍登记而悬挂本国国旗航行。我国也规定，船舶经依法登记取得我国的国籍，才有权悬挂我国的国旗航行。船舶非法悬挂我国国旗航行的，我国的海事、边防等有关部门有权予以制止，并处以罚款。

287. 外轮如何才能进入我国的水域？

按照国际法的规定，外国籍的船舶在我国领海内是有无害通过权的，但是要进入我国港口和其他的内水时则应当受到严格的限制。一般来说，国家有权决定是否允许外轮进入内水。为了国际间船舶航运的方便，国与国之间可以签订友好的航海协定，在有协定的情况下，外国籍船舶才可以进入内水。在我国，外轮在进入我国港口和内水的时候，应当根据协定的规定，向海事部门提出申请，经批准后才可以进入内水。

但是，如果没有建立通航关系的协定，外国船舶又怎样才能进入我国内水呢？对于在没有协定、又要进入我国内水的船舶可以特殊对待,那就是:某外国的第一艘进入我国港口和内水的船舶在进入之前,应当向我国交通部提出申请,经过批准便意味着在两国之间建立了通航关系,此后的类似申请就可以直接向港务监督提出,申请被批准后,船舶就可以进入我国的港口等内水水域了。

海上航船

288. 外国船舶在我国港口应当遵守哪些规定?

对于有权进入我国内水的外国船舶,它们在港内的活动是否就不受其他约束了呢?当外国船舶经过申请进入我国港口,这期间,如果出现了特殊的情况,比如船舶遇险、发生故障、船员或旅客患急病等,都应将有关的情况及时向港监报告,以便采取应急措施。船舶到达港口后,应当将有关的船舶文书提交检验,并接受检查。船舶在港口内要遵守我国的法律,船舶上的武器、弹药,应在船舶到达港口后由港务监督予以封存。在一般情况下,还不能使用无线电发射机、火箭信号、火焰信号、信号枪等物品。只有在紧急的情况下才可以使用,但是在使用后还必须向港务监督报告。

289. 你知道什么是"联检"吗？

人们经常听到的"联检"就是联合检查的简称。这里的联合检查是针对进出我国港口的外国船舶,对船员和船上所在的旅客、行李和货物进行的检查,目的是为了保证航行安全、维护国家治安、查禁走私、防止疫病传染等。由于所涉及的检查内容很多,分开来一一进行既浪费时间,又非常不方便,由有关的各个部门进行联合检查,就使得船舶进出港口、进行贸易运输方便多了。这种联合检查是由海事部门、海关、边防检查和国境卫生检疫机关共同参加的,虽然各个机关的分工不同,但是互相有密切的配合。联检是由港监统一组织进行的。

290. 谁来检查船舶的安全状况？

船舶安全是海上航行中的最重要的问题,对船舶进行安全检查是很有必要的。按照规定,国家对进出我国港口的船舶都要进行联合检查。在联合检查中,海事部门负责统一领导,并负责检查船舶有关船舶文件证书、船员配备以及安全状况。比如要检查船舶的国籍情况,看看有没有船舶的旗帜和国籍不符的地方,有没有正当的国际公认的手续。还要查验船员的身份证件,船员的配备是否齐全,因为如果船员没有担任相应职务的资格和能力,或者船员配备不齐全,也会影响船舶的航行安全。另外还要检查船舶的年龄是否过期、船舶是否年久失修等。除了船舶和船员外,还要检查货物的情况,比如货物是否存在危险因素、船舶是否超载等。

291. 为什么要打击偷渡活动？

偷渡这个词对大家来说并不陌生,偷渡的事例不仅海上有,在陆地边界上也有。在外国船舶进出我国的港口接受联检时,边防检查站的工作主要是查看有没有妨害国家治安的情况,偷渡活动就是被检查的重要内容。那么,什么是偷渡呢？偷渡就是未经允许,偷越国境、边境的行为。要么是偷渡入境,要么是偷渡出境。我们有时在报纸和电视上看到,有些人为了达到偷渡的目的,不管船舶等运送工具是否安全,变卖家产给组织运送的人（俗称"蛇头"）,结果踏上了一条不归路,有的葬身海底；有的由于船舱等藏身的地方拥挤不堪,密不透风,窒息身亡；有的历尽千辛万苦到了外国,却又被遣送回国。还有的人虽然偷渡成功,却过着非人的生活。偷渡行为严重干扰了正常的社会治安,损害了国家的尊严,扰乱了国家的边境管理秩序。所以应当进行打击和预防。特别是要严厉打击组织运送偷渡人员的"蛇头"。另外,偷渡者之所以偷渡,往往是因为对要偷渡入境的国家有不正确的认识,这也是与某些国家不实的宣传报道和对偷渡行为处理不当有关。

292. 你知道多佛惨案吗？

偷渡产生了很多社会问题,还发生过一些恐怖的惨案。2000年6月19日,在英国的多佛海关,当一个海关官员在对一辆从比利时乘轮渡进入英国的长途运货卡车进行例行的检查时,被卡车集装箱里的景象吓呆了,原来里边有像火柴杆一样排列的58具尸体,另外还有两个奄奄一息的幸存者。这些人都是来自我国福建的偷渡者，由于组织偷渡的人为了赚钱而不管偷渡人的死活，提供的运输条件恶劣，为了躲避检查，卡车司机不管人的死活，竟然将集装箱的通风管关掉，任凭里边的人大声呼叫也置之不理。在集装箱内空气不流通的情况下，这58名偷渡者窒息而死。多佛惨案震惊了全世界。

后来，虽然组织偷渡和运输的罪犯被判了刑，可是这些惨死的偷渡人再也到不了他们梦想的"美丽"世界了，也永远不能和自己的家人团聚了。多佛惨案说明了偷渡的严重危害性。

293. 为什么要进行国境卫生检疫？

对船舶进行联检，其中的一项内容就是进行国境卫生检疫。有些传染病如鼠疫、霍乱、黄热病、天花等是世界各国公认的传染病。这些病传播快，危险性大，会给公众的生命、健康带来严重威胁，一旦形成疫情，还会在国际上造成恶劣影响。在联检的时候，一般要求船舶停在港外锚地，经过检疫没有发现问题后才可以入港。如果发现疫情，就必须采取必要的消毒等防疫措施，比如对来自发生霍乱地区的船舶进行熏蒸消毒处理，或者拒绝船舶入港。对于违反检疫规定的行为要立即予以制止，对于构成犯罪的，还要追究刑事责任呢。

294. 怎样防止疯牛病和口蹄疫传入我国？

20世纪末21世纪初，欧洲发生的疯牛病和口蹄疫等疫情，一度引起了许多国家的恐慌，各国纷纷加强了对进出境货物和物品的检查和检验。在我国，在船舶进港以前,除了要进行卫生检疫以外,还要进行动植物检疫,防止像疯牛病、口蹄疫这样的动植物传染病、病虫害传入境内。否则一旦产生动植物疫情,会严重影响我国的农业、畜牧业等各个方面的生产,甚至还会影响人们的身体健康。到目前为止,像疯牛病这样的传染病还属于不治之症,所以,进行动植物检疫,预防疫情,就显得更为重要了。

实践中,在发现有来自疯牛病、口蹄疫疫情的国家的肉制品、奶粉、动物饲料,甚至有关的动物的时候,人们都要采取隔离、查封甚至销毁等妥善的处理措施,把这些危害拒之于国门之外。

295. 海关仅是指"海上的关口"吗?

在外国船舶进出港的联合检查中,海关主要负责查验船舶上的货物和人员携带的行李等物品,征收关税和其他的税费,检查有没有走私的情况。海关是国家的行政机关,从名称上看,它是指设在沿海开放口岸的关口。设在陆地边境一带的是陆关。可随着航空和铁路运输的发展,一些外

中国海关关徽

贸货物、旅客行李物品以及邮递物品可以直接从国外直达内地,或从内地直达国外,所以在有国际航空站、国际联运火车站的内地也有了海关。因此,现在的海关并不仅仅是指"海上的关口"。

296. 海关制度是怎么产生的?

各国由于地理状况、发展历史和生产能力的不同,需要进行商品交易,这使得各国之间产生了人员、运输工具、货物和物品的进出境的活动。有的物品是国家所不欢迎的,比如鸦片,国家就可能禁止入境。有的物品虽然允许入境,但要受严格的限制,比如某种商品进口太多,可能会影响本国同类商品生产企业的生存。还有的物品可能受到的限制会少些。出口的物品也有这样的情况。所以,为了国家的利益,各国设置了对进出境货物和物品进行管理和征税的海关,并制定了相应的法律。对不受欢迎的物品进行严格的管制,对其他的物品征收高低不同的关税,高关税可以限制某种物品的进入,低关税或没有关税可以鼓励某种物品进入,这样,海关制度就建立起来了。在公元前5世纪时的雅典,就已经有了海关法律制度的雏形。这说明,早在古代欧洲的奴隶制国家,就已经产生了海关制度。

297. 关税的重要作用是什么?

税收是国家取得财政收入的一种手段。国家要对社会进行管理,组织大规模的生产和建设,给人民群众设立各种福利和生活保障,这所有的活动都需要钱。而这些钱又是从哪里筹集来的呢? 那就是相应的税收。于是,国家就制定了税收的法律,并根据法律向符合条件的纳税人征收税款。关税也是国家征的一种税,在货物或物品通过国家关境的时候,由海关按照法律规定,对纳税义务人,通常是进口商进行征收。那么,关税和其他税种有什么不同之处呢？同其他税不同的是，关税的征收对象必须是输出或输入的货物和物品，也就是要有进出关境的情况存在才可以征收关税。

对于关税，国家可以通过对不同的货物和物品设定不同的税率，达到不同的征税目的。同样的情况下，税率越高，征收的关税额也越高，而税率越低，征收的关税额也越低。对于国内需要的好的产品和先进的技术设备，可以规定较低的税率，甚至免税，以此来鼓励进口。反过来，某种产品国家不需要，或者国内生产这种产品的行业比较脆弱，需要通过限制进口进行保护，则可以制订高税率限制进口。关税可以起到控制进出口货物和物品的品种和数量的作用。另外，通过减免税的手段还可以吸引外资和鼓励出口。

298. 你知道什么是船舶吨税吗？

海关负责管理进出境的船舶、货物等，并依法征收关税。除了征收关税以外，海关还按照法律的规定代征船舶吨税。那什么是船舶吨税呢？实际上，吨税是一种由于使用港口设备而缴纳的设备使用税。一般来说，对国内的船舶征收的是车船使用牌照税，而对进出港口的外国船舶征收的则叫作船舶吨税。船舶吨税产生的原因就是因为船舶使用了我国的港口和助航设备，要缴纳使用费，这实际上是船舶给港口国的一种报酬。早年，这种税的用处主要是增加国家的财政收入，或者限制租用外国船舶，以保护本国的远洋航运业。根据我国的法律，如果船舶没有缴纳船舶吨税，有关部门还可以对船舶行使船舶优先权,通过拍卖船舶获得税款。

299. 什么是走私?

说到"走私",大家并不陌生。那么,为什么会有走私现象出现呢?原来,一个国家和另一个国家之间的商品价格由于生产成本的不同,可能存在差距,把便宜的商品运到价格较高的国家去卖,便能获得高额利润。可是对外贸易往往受到国家的控制,可能根本不允许某种物品进口,或者虽然可以,但是关税很高,由于要缴纳关税,货物进口以后进口商赚钱就少了。对于淫秽物品等违禁品,我们国家是根本禁止进口的。于是,一些人为了获得高额的利润,就设法逃避海关的监管,不缴关税,甚至私自将某些货物和物品运送出境或进境,这就是走私。情节严重的走私行为还会构成犯罪。

走私的危害性很大,它不仅破坏国家的对外贸易的管理,偷逃大量的税收,而且通过走私,导致某些工业产品的非法涌入,还会严重损害国内相关产业的生存,不仅企业受到了严重的损害,而且也败坏了社会风气。

300. 在内海和领海能不能贩卖禁止进出口的物品?

走私活动危害很大,必须进行严厉打击,而且打击走私要从根本上着手。比如走私物品进境的,往往在境内有货物和物品的买主,对这些买主就必须进行打击。我国的法律就规定,直接向走私人非法收购国家禁止进口的物品或其他走私货物、物品,也属于走私行为。在内海和领海也不能贩卖国家禁止进出口的物品。法律规定,在内海、领海运输、收购、贩卖国家禁止进出口的物品的,或者运输、收购、贩卖国家限制进出口的货物、物品,数额较大,没有合法证明的,按照走私罪论处。这些行为被称作间接走私行为。有了这些规定,对打击走私就更有利了。

301. 什么是缉私警察?

大家知道,人民警察负有打击违法犯罪活动、维护治安的职责,不过,警察的类别不同,具体的职责也会不同。其中,这里所说的缉私警察是指专门打击走私活动的警察。在我国,警察主要包括刑警、户籍警等若干类别,以前并没有专门打击走私的缉私警察。直到1998年底,我国才决定,由海关总署、公安部联合组建走私犯罪侦察局,这个局的缉私警察就是负责打击走私的

缉私警察

专职刑警队伍。走私犯罪侦察局既是海关总署的内设的一个部门,又是公安部的一个部门,海关总署与公安部都是走私犯罪侦察局的领导部门。其中,以海关的领导为主。走私犯罪侦察局按照海关对缉私工作的统一部署和指挥,部署警力,执行任务。

302. 谁来指挥管理船舶?

船舶要在大海中正常地航行和运营,必须有人指挥。船东是船舶的所有人,当然有权指挥和管理船舶。可是

船东不可能在船舶航行的时候随时随地在船上指挥,而且,船舶在海上航行会遇到各种各样的事情,船东不在场,不了解情况,就难以发出恰当的指令,否则岂不成瞎指挥了吗?看来管理船舶是不能直接依靠船东的。

而与船东不同的是,船舶上的人员是最了解船上的事情的,由船上人员指挥管理船舶是最切合实际的。其中船长是受船舶所有人雇佣、主管船上一切事务的人,是船上的最高行政管理人员,也就是最大的"官",船长对船上的行政和航行事务有行使管辖、统率和指导的权利。船长负责船舶的驾驶和管理,船长在其职权范围内所发布的命令,船上的船员、旅客和其他在船上的人员都必须执行,所以,船舶的直接指挥管理者是船长。

303. 船员为什么要持证上岗?

按照我国《海商法》的规定,船员是指包括船长在内的船上一切任职人员。船员从事的职业与陆地上的工作相比就比较特殊了,因为那是一种特殊的工作环境,需要有特殊的工作技能。一般来说,只有经过考试、取得了上岗资格的人才可以从事船员的工作。

在航海技术比较落后的年代,航海主要靠的是技能和经验,海上的风险大,船员的生活很艰苦,法律对船员的有关规定侧重于保护船员的福利,保护船员的人身安全和健康,对船员技术的要求没有像对船员自身利益的保护那么重要。随着航海业的发展,对船员的知识水平要求越来越高,为了保证船舶的航行安全,世界各国对船员的资格进行了严格的限定和管理,并实行船员考试制

度,经考试合格的人,发给相应的职务证书。持有合格职务证书的船员,才准许在船上担任相应的职务。船员持证上岗是保证航行安全的重要一步。

304. 弃船时谁最后离船?

船舶在海上航行的时候,难免会遇到危险。船长在紧急的情况下,为了维护船舶、船上人员及其船上货物的安全,有权采取非常措施来应付突发事件。当船舶发生事故危及船上人员和财产安全时,船长将会组织船员和旅客尽力施救。在难以避免船舶沉没和毁灭的情况下,船长可以做出弃船的决定。

在弃船时,船长必须采取一切措施,首先组织旅客安全离船,然后安排船员离船,而最后离船的才是船长。灾难来临,船员和自己的船舶告别,其场面确实既悲壮又感人。这样的情形,与其说是船员抛弃了船舶,不如说是船舶抛弃了船上的人们。

305. 船舶为什么要引航?

船舶在进出港口和通过复杂水道的时候,由于不熟悉周围的情况,有时会有意外事故发生。在这种情况下,出于航行安全的考虑,就需要有相应的船舶引航制度。船舶引航是指国家负责船舶航行安全的主管机关,委派具有一定技术资格的人员,按照规定将船舶从一个地点引领到另一个地点的过程,引领船舶的人员就是引航员。在我国,引航工作由海事部门实施统一领导和管理,在各个港口的海事部门内设置引航机构,配备一定数量的引航员。引航员则是由具有一定资格和专业知识,并经过考试取得引航员证书的人员担任。在国际上,出于国家安全的考虑,引航员都只能由本国公民担任,我国的引航员只能是中国公民担任。

306. 为什么会有强制引航?

强制引航是指不管船舶方面是否同意,也不管有没有提出引航的申请,国家主管机关按照法律和规章制度,对船舶进行强制性的引航,船舶在强制引航区内航行、停泊等都必须由引航员引领。强制引航的对象一般都是外国船舶。对外国船舶的强制引航是以维护国家主权为主要目的的,保障安全则为次要目的。大家知道,港口水域属于国家的内水,外国船舶进出内水必须遵守内水所属国的有关规定,内水的所属国有权制定相关的规则来维护本国的主权和安全。实际上,对外国船舶一律实行强制引航,是世界各国的普遍做法。

海上航行的船舶

307. 船长和引航员谁说了算?

我们知道,船长是船舶的指挥管理者,负责船舶的管理和驾驶。可是在船舶引航的过程中,船舶是要接受引航员引领的,那么,船长和引航员谁说了算呢?

按规定,引航员在引航过程中对船舶并没有独立指挥权,但有权得到船长和船员的配合和协助,而船长和驾驶员要服从引航员的决定,船长为了引航的安全可以提出合理的建议和要求,但不得无理干预引航员的工作。只有在特殊情况下,比如引航员违反了船舶的避碰规则,可能发生事故,船长才能够推翻引航员的决定。同时,引航员也要尊重船长驾驶和管理船舶的职能,不得无故干预船上的内部事务。所以,在引航的过程中,引航员的地位是首要的,但并不影响船长的独立指挥权。

308. 引航员犯了错怎么办?

在正常情况下每个人都应当对自己的过失负责。不过在船舶引航的过程中却有另外的一种特殊的规定。大多数国家规定,由于引航员的过失导致的经济损失,由被引领船舶的所有人负责。这到底是为什么呢?这是因为在引航中引航员虽然在船上,而且船长和船员要服从引航员的决定,但引航员并不享有对船舶的独立指挥权,不能因此解除船长驾驶和管理船舶的责任。这好像很难让人接受,为什么我听你的,结果出了错还要我负责。所以,这就要求引航员一定要恪尽职守,尽量避免事故的发生。

之所以这样规定的另外一个原因就是,一旦引起引航事故,造成的损失往往会远远超过一个引航员的实际赔付能力,让引航员来赔偿损失也是不切实际的。不过这并不意味着引航员不受任何处分。我国规定,由于引航员的过失所发生的海损事故,引航员应当受到行政处分。有的国家甚至规定引航员在这种情况下要受到刑事处罚呢。

309. 船长能兼任警察吗？

警察的工作就是打击犯罪、保护人民、维护社会治安。在陆地上警察属于公安部门,可是在船舶上就不同了。船舶要四处航行,它不可能在每艘船上配备警察,特别是船舶在国外的时候,国内的警察对船上发生的违法犯罪行为就更难管了。于是,法律上就把属于警察的某些权利赋予了船长,船长有在船上惩治犯罪、维护治安的职能。

我国的《海商法》就规定,为了保障在船人员和船舶的安全,船长有权对在船上进行违法犯罪活动的人采取禁闭或其他必要措施,并防止隐匿、毁灭、伪造证据的现象发生。但是船长只能阻止违法犯罪活动,并保全证据。至于如何处理这些事情,就需要在条件具备的时候,比如船舶靠岸时,将有关人员连同证据一起移交给有关当局处理。

310. 谁来在船舶上做公证？

在陆地上,有人出生就要给新生儿申报户口,有人死亡也要注销户口。之所以要这样做来证明生与死的存在,就是因为出生和死亡涉及一系列法律问题。比如在不同国土上出生的婴儿就要涉及国籍的取得问题,人的死亡涉及财产的继承问题,等等。这些相关的工作一般会由有关的部门如公证部门来完成。可是在船上是没有这样的部门的,于是法律就赋予船长以公证的权利,承担起这方面的工作。

那么,船长在船上是怎样来履行这项职责的呢？在我国,船长应当将船上发生的出生和死亡事件记入航海日志,并在两名证人的参加下制作证明书。通常,死亡证明书应当附有死者遗物清单。如果死者生前留有遗嘱,船长要予以证明。死亡证明书和遗嘱均由船长负责保管,并送交家属或有关方面,比如最初到达的中国港口的海事部门,或驻外国港口的中国的使馆、领馆。

311. 船长能代表船东吗?

船长只是船东的受雇人或受聘人,按说他不能代表船东。但是,由于船东不直接管理船舶,在航行中发生的事情只能由船长处理,所以也就赋予船长替船东决定和处理一些事情的权利。除此之外,由于船上往往装有货物,而且货主也不在船上,为了及时有效地处理有关事情,船长不仅能够代表船东,而且有时还可以代表货主呢。比如为了船舶、货物或航行的需要,船长可以作为船东或货主的代表签订有关的合同;在涉及船舶、货物和运费的诉讼中,如果在当地没有船东和货主的其他代表,船长还可以代理起诉和应诉;在航行中,为了恢复船舶的营运能力,急需现金修理船舶,补充日常用品和船员的给养,在来不及得到船东的指示的时候,船长还有权出卖一些不十分必要的船舶用品来获得资金。

312. 谁有权签订救助合同?

过去,船长能够代理船东处理一些事务被认为是航海业的习惯做法。可是在现代航海中,由于通讯技术比较先进,许多问题有足够的时间和条件可以预先告知船东或船东的代理人,让他们来指挥处理,船长的代理权因此受到了一定的限制。不过,尽管如此,还是有一些事情需要船长来做,比如签发提单等与运输有关的航运单据,由于船长最了解货物装船和运输的情况,对于要及时运送的货物,船长签发提单就可以视为船公司签发提单了。另外,在船舶遇到危险、出现事故的时候,需要与他人签订救助合同进行救助,这时如果再通知船东和货主,就可能失去了救助的最佳时机,造成不可挽回的损失,所以船长有代表船东和货主与救助人签订救助合同的权利。

313. 为什么要明确船长的代表权?

1978年3月16日,在英吉利海峡发生了一起历史上最大的油污事故。一艘名叫"阿莫科·卡迪兹"号的利比里亚籍的巨型油轮搁浅在法国西海岸布列塔尼附近的海域,23万吨原油泄漏,造成周围海域的严重污染。事故发生后,曾有船舶准备救助,但是要求签订救助合同,结果遭到了船长的拒绝。后来,当美国的船东同意时,却为时已晚。这就带来了一个问题,即虽然习惯上认为船长有代表船东签订与运输有关合同的权利,但是要不要用法律的方式明确下来呢?显然,明确总要比不明确好。由于本案的教训,在1989年的国际救助公约中明确规定了船长有签订救助合同的权利。但是,在时间允许的情况下,还是应当尽可能征求船东的意见。

海洋权益

复杂的海事纠纷

314. "泰坦尼克"号撞上冰山是船舶碰撞的吗?

船舶碰撞是海上运输中时常发生的事故,其实在陆地上不也会发生车辆碰撞吗?只是由于海上的情况比较复杂,产生碰撞的原因很多,解决起来更困难罢了。所以,需要法律对此做出专门的规定。海商法中的船舶碰撞是指船舶在海上或者与海相通的可航水域(比如长江)发生"接触"造成损害的事故。船舶碰撞必须发生在船舶与船舶之间,并且因"接触"而造成损害,这样才会产生纠纷,而解决纠纷就要有相应的船舶碰撞的法律规定。大家都知道"泰坦尼克"号的悲剧事件,在这个事件中,"泰坦尼克"号撞上了冰山,造成了重大的海难,但是,如果严格地从海商法的角度来说,这不是船舶碰撞,因为碰撞不是发生在船舶之间。

沉没中的"泰坦尼克"号

315. 没有接触也能叫船舶碰撞吗？

船舶之间的碰撞可以分为直接碰撞和间接碰撞。我们通常说的船舶碰撞多是指直接碰撞，即船舶之间由于某种原因而发生的实际接触并造成损害。实际上，船舶没有实际接触，但是一方有过失并造成他方损害的，过失这一方也应负责，这种情况便是间接碰撞。比如在狭窄的航道内，某一艘船不遵守航行规则，或操作不当，使得另一艘船舶为了避让而撞上了航道旁边的堤岸或其他的建筑物，甚至就是大船航速过快，掀起巨浪，将小船掀翻，这样所造成的损失，有过错的一方也应当比照船舶直接碰撞的法律规定，给予损害赔偿。

316. 如何划分船舶碰撞责任？

船舶发生碰撞往往会造成生命和财产损失，引起赔偿纠纷是在所难免的。要解决船舶碰撞的损害赔偿问题，首先就是要划分清楚是谁的责任。可是，有一些碰撞根本就是无法划清责任的，比如船舶不能抵御的台风等不可抗力造成的碰撞，各个船舶都是没有过失的，不用向对方负责。另外，由于不明原因造成的碰撞，如两船相撞又都沉没了，无法查明碰撞原因。这些情况下，碰撞各方就互相不负赔偿责任，只能各自承担各自的损失了。实际上，在船舶碰撞中，无过失的船舶碰撞很少，绝大多数还是属于有过失的船舶碰撞，也就是说，碰撞是因为有一方或者双方没有遵守避免碰撞的航行规则而引起的。对于单方过失造成的船舶碰撞，由有过失的一方负赔偿责任。不过，大多数船舶碰撞的每一方各自或多或少都是有一定的过失的。这种情况下,各船就应按照过失程度的比例负赔偿责任了。

317. 你知道还有专门的海难救助制度吗?

自古以来就有海上"无风三尺浪"之说,就是因为海上的风险很大,所以,最初人们把航海视为冒险的事业。那时,人们抵御灾害的能力低下,在海上又是惊涛骇浪,又是海盗盛行,经常发生海难。为了鼓励航海事业,大家就希望人们在有条件的情况下能尽力救助遇难的船舶,于是便设立了海难救助的法律制度。而遇难船舶的所有人也希望与其让大海将船货吞没或者让海盗将船舶抢走,还不如在自己不能自救的情况下,让别人来救助,哪怕是给救助人一些报酬也好,这样损失还是会小一些。于是从中世纪开始,首先从欧洲各国出现了海难救助制度。

海上风浪

318. 海难救助制度是怎样建立起来的?

在古代,起初并没有什么海难救助制度,在遇到了海难时,船舶和货物脱离了主人的控制,就会被别的人抢走,因为那时是一个强者自由掠夺遇险物的时代。但是,到中世纪时,欧洲的一些沿海国家规定,禁止民众自由掠夺遇险物品,遇险物品只能由国家、诸侯占有。这对于遇险的船舶和货物的主人来说,实际上和以前并没有什么区别,反正自己得不到什么好处。此后,在12世纪时出现的航海习惯法规则《奥列隆惯例集》就开始规定禁止占有遇难的船舶和货物以及其他物品了。再后来,法国国王路易十四颁布了《海事条例》,规定奖励海难救助,海难救助制度便逐渐建立起来了。如今,海难救助制度已经很完备了,有了国际性的海难救助公约,这对航海业的发展起到了很大的推动作用。

319. 海上见义勇为应不应得到报酬?

人们的身边经常发生一些好人好事,比如"路见不平,拔刀相助";救他人于危难之中,等等。救助他人是在道德上值得表扬的事。但如果不是被救的人自愿酬谢,救助人一般是不会得到报酬的,因为,一般来说,法律并没有硬性规定被救人一定要给报酬。但是,发生在海上的情况就不同了,为鼓励海难救助,法律规定,如果救助人救助成功,被救助人应当给予报酬,否则,救助人可以向被救助人索要报酬,甚至可以通过诉讼等法律渠道来获得报酬。海难救助的这个特点是陆地上的救助行为所没有的,这是由海洋上的特殊风险所决定的,通过鼓励救助可以促进航海事业的发展,这也就是为什么说海难救助是海商法特有制度的原因。由此可见,海上的见义勇为是可以得到报酬的。

320. 在船厂里灭火属不属于海难救助?

一艘船舶在造船厂建造或者修理过程中,突然发生了火灾,于是大家纷纷前去救助,火灾最后终于被扑灭了。这些救助的人能不能按照海难救助的规定获得报酬呢？对于这种情况要进行认真分析。海难救助又叫作海上救助，所以，不但要求被救助的对象必须处于危险之中，而且危险必须发生在海上，或者至少是与海相通的能够航行的水域。如果救助的是在海上航行的船舶，是能够获得救助报酬的。可是救助正在造船厂里的船舶，救助人不能依法获得报酬。这是因为危险不是发生在海上或者与海相通的可航水域，这样的救助不能叫海难救助。

321. 为什么说海难救助行为必须是自愿的？

见义勇为，人人称道。之所以这样，那是因为见义勇为的人没有法律上的义务，是自愿的，因而值得称道和赞扬。可是，对于某些特殊身份的人来说，救助他人、打击坏人却是法律要求的义务，必须如此，是应该的，否则会受到法律的惩罚，比如对于保护人民安全的警察来说就是这样的。

海上事故发生

同样,在海难救助中,救助人的行为也必须是自愿的,必须没有法律的强制要求,否则只能算是一种履行职责或法律义务的行为,不能算是这里所提到的海难救助行为,因此也不能获得救助报酬。比如,对于海上发现的遇到生命危险的每一个人,只要对船舶、船员和旅客不致造成严重的危险,每一船舶都必须救助,这种救助就是法律要求的义务,所以不属于可以获得救助报酬的海难救助。另外,遇难船舶的船员救助自己的船舶,引航员在职责范围内救助所引领的船舶,由于有法律的规定或先前合同的要求,这往往是应尽的职责,不算是自愿的见义勇为,也不属于这里的海难救助行为,不能按照海难救助制度获得报酬。

322. 什么是纯救助和合同救助?

海难救助有很多种情况,但总的来说可以分为纯救助和合同救助两种情况。那么,什么是纯救助?什么又是合同救助呢?纯救助是指船舶遇难后,没有请求外来的援救,救助方自愿赶来救助的行为,这种情况下,救助成功,救助方有权获得救助报酬。另外一种情况是,遇难的船舶和救助方签订救助合同,救助方根据合同进行救助,救助成功也可以获得报酬,这叫作合同救助。现在大多数情况下都是合同救助的形式,纯救助由于没有签订救助合同,常常会因为救助报酬的多少发生争议,所以很少采用。除非有特殊情况才会出现,比如,遇难船舶上没有人,可能是已经逃离了,过路的船舶救助了遇难船舶,这就是纯救助,救助人可以向遇难船舶的所有人要求救助报酬。

323. 什么是"无效果,无报酬"原则?

海难救助中的救助人可以向被救助的人索要报酬,不过,要想获得救助报酬,其救助行为必须有效果,即船舶或货物全部或部分获救,而且效果越大,救助报酬也相对越高,这便是"无效果,无报酬"原则。如果经过救助,船货仍然全部损失了,被救助人当然不会再另外拿出一部分钱作为报酬给救助人。

另外,救助报酬也不能超过船货本身的获救价值,否则对被救助人来说救助就没有什么意义了。一般来说,获救价值低,救助报酬占获救财产价值的比例就高;获救财产价值高,救助报酬占获救财产价值的比例就低。这考虑到了救助所花费的费用和被救助人的承受能力。这样做,救助报酬就不至于太高或太低,过于离谱了。此外,救助方如果有过失,救助报酬将予以减免,如果救助人给被救助人造成了损害,那么,还应当予以赔偿呢。

324. 渔民捡到橡皮筏能不能向失主要报酬?

海难救助的救助人可以获得报酬,这与陆地上的做法不同。所以,遇到类似的情况时,首先就要搞清楚是不是海难救助。明确了海难救助的范围,可以避免产生不必要的纠纷。构成海难救助需要一些条件,首先要求被救物须处于海上或与海相通的可航水域,而且确实处于危险之中;其次救助人是自愿进行救助,而不是法律规定的义务所要求必须的,比如船长对遭遇海难的人就有救助的法律义务,不能按照海难救助的一般规定获得报酬。

那么,哪些物品可以成为被救物呢?我国《海商法》规定,被救物包括遇险的船舶和其他财产,这里的其他财产既包括船上的财产,又包括船舶以外的财产。曾经有一个人在海边游玩的时候,不慎将一个橡皮筏遗忘在海里,后来一位渔民在海上捡到了这个漂流不定的橡皮筏,在失主索要的时候,渔民要求给予报酬。这位渔民的做法遭到了人们的批评,认为这不符合一般的道德要求,但实际上这位渔民捡到橡皮筏的行为符合海难救助的条件,从法律上讲,是可以获得报酬的。

325. 在海上救人能不能要报酬?

海难救助一般仅指救助海上的财物,可是广义上的救助不仅包括对物的救助,而且包括对人的救助。人们所常说的能获得报酬的海难救助是指对物的救助,因为救助人命往往被认为是法律规定必须做的事情,谈不上报酬的问题,甚至能够救助人命而不救助还会被定为刑事犯罪呢。

海上救人

不过,一般来说,一旦发生海难事故,人命和财物往往会同时处于危难之中,为了获得报酬,救助人当然更愿意积极救助财物。为了避免这种情况的出现,法律规定,在救助作业中救助人命的救助方,虽然不得向获救人员索求酬金,但是有权从救助船舶或者其他财产的救助方获得的救助款项中获得合理的份额。另外,为鼓励救助人命,在既救助了财物又救助了人命的情况下,在确定救助报酬的时候,要把救助方救助人命的一些情况作为重要的参考因素。

326. 救助无效果能获得补偿吗?

海难救助的救助人要想获得救助报酬,必须取得救助效果。"无效果,无报酬"是传统上确定救助报酬的基本原则。但随着海上原油运输和化学品运输的迅速发展,海洋环境污损事故不断发生,对此类事故的救助如果仍然用"无效果,无报酬"的原则,则对救助方很不利。因为这类事故造成的污损严重,救助成功的机会却很少,而且随着原油等货物的流走和损坏,在救助过程中,获救财产的价值会越来越少。由于救助报酬要受到获救财产价值的影响,获救财产价值越少,救助报酬也越少,因此,救助人对这种事故不愿意进行救助。

为了防止和减轻海洋环境污染的危害,鼓励救助人对造成海洋环境损害的船舶进行救助,法律规定,在这种情况下,如果救助无效果,或者虽然有效果,但报酬还不足以补偿救助所花的费用的,救助人仍然可以获得一定数额的补偿,这种补偿被称为"特别补偿"。

海洋权益

327. 救助人要不要承担船舶爆炸的责任？

在海难救助中，救助人既要努力，又要谨慎，以免出错。如果救助方出现过失，使得被救助方发生危险，帮了倒忙，而不得不进行救助，或者救助方的过失使救助变得更加困难，甚至救助方有欺诈或者其他不诚实行为，在这些情况下，就要取消或者减少向救助方支付的救助款项了。

如果救助方的过失造成了损失，救助方应不应赔偿呢？1971年，一艘名叫"东城丸"号的油轮在波斯湾沉没，救助方在救助过程中操作不慎，结果发生爆炸，损失33.1万英镑，而救助报酬仅有12.5万英镑。被救助方于是要求救助方进行赔偿，最后法院判决救助方还是要予以赔偿。可见，救助方有过失造成被救助方损失的，救助方是要承担责任的。

328. 抛货自救由谁承担损失？

航海中遇到海难时，除了需要他人来救助外，船舶上的人当然也会自己救助自己。早在2000多年前，在地中海一带，航海商人们就积累了一些自救的经验。那时航海技术不发达，难以抵御海上自然灾害的侵袭，在遇到大风浪时，为了解除船货所面临的共同危险，防止船货的沉没，通常的办法就是将部分笨重的便宜货物抛弃，扔到海里，以较小的利益换取最大的安全。可是任何一个货主都不会同意抛弃自己的货物，于是便采取这样一种做法，即船货双方先提前约定好，当发生海上危险时，由船长决定抛弃哪一部分货物。当危险解除后，由船货各方共同分担被抛弃货物方的损失。这种习惯做法后来还形成了一种法律制度,这便是共同海损制度。

329. 共同海损是怎么发生的？

共同海损是为了抵御海上风险而设立的船舶内部自救的一种制度,指在同一海上航程中,当船舶、货物和其他财产遭遇共同危险时,为了共同安全,有意地、合理地采取措施所直接造成的特殊牺牲,或支付的特殊费用,由各受益方按比例分摊的一种法律制度。

海损可以分为共同海损和单独海损,单独海损是自然灾害、意外事故或不可抗力所直接造成的船舶和货物的损害,比如船上运送的粮食自身发霉变质造成的损失。单独海损应由受损方自行承担,或按海上货物运输合同的规定处理。与单独海损不同的是,共同海损是人为地、有意地造成的,比如抛货入海,向舱内灌水灭火弄湿其他货物造成的牺牲,或遇到海难事故时被人救助而支付的救助报酬等特殊费用。由于这样做的目的是为了船货的共同安全,所以这些费用和牺牲应由各受益方按比例分摊。

损失是不是共同海损,关系到要不要大家来分摊损失的问题,所以,这个问题很重要,实践中也经常因此发生争议。

330. 共同危险是指已经发生的危险吗？

要构成共同海损,要求船舶、货物和其他财产必须遭遇到共同危险,这种共同危险必须是在同一海上航程中共同面临的,而且危险必须是真实的,不是推断出来的。

比如,在第一次世界大战的时候,一艘法国货轮由于担心遭到敌国潜艇的袭击,雇佣了一艘拖轮,实行全程护航。后来经过调查,该船在全程运输中并没有发现一艘潜艇,会遭到潜艇袭击实际上是船方的一种担心,所以雇佣拖轮的费用不属于共同海损。

不过,不可避免的、迟早要发生的危险就属于真实的危险。比如船舶丧失了航行的能力,表面上看暂时没有什么危险,可是如果不及时地拖走,在落潮的时候船舶就会搁浅,并会造成船舶和货物的损害,这样的危险也就是真实的危险了。

331. 船舶搁浅是不是真实的危险?

一般来说,船舶搁浅会损害船舶自身,进而也会损害货物,由此进行救助产生的损失和费用可以列入共同海损。但是有的时候船舶搁浅却不一定是真实的危险。比如船舶搁浅后,由于船长对当地水文、气象不了解,错误地认为遇到了危险,于是雇请拖轮进行救助。事后发现

船舶搁浅

船舶搁浅是由于潮汐的变化所导致的,等到海水高潮来临的时候,船舶完全可以自动起浮。所以这种危险就不是真正的危险,雇佣拖轮的费用不能作为共同海损。

332. 为什么会有海事赔偿责任限制?

大家已经知道了,在提单运输中,承运人对于自己不能免除责任而造成的货物损失应当进行赔偿,但还是可以享有责任限制的,这种责任限制往往是以每单位货物为基础计算的。尽管如此,如果某一次事故造成的损失非常严重,承运人仍然觉得承受不起,于是产生了针对整个的一次事故的综合性限制,人们称它为海事赔偿责任限制,这种责任限制不是针对每一单位货物的。这样,发生重大海损事故时,有关的责任人就可以根据法律的规定,将自己的赔偿责任限制在一定的范围内,当超过这个范围时,责任人将不再赔偿。

起初,这项制度被称作船舶所有人责任限制或船东责任限制,后来,由于船舶所有人和船舶的实际经营人分离等原因,船舶经营人、船舶承租人、救助人等也成为该项制度保护的对象,所以"船舶所有人责任限制"的这种叫法就不准确了,就变成了"海事赔偿责任限制"。海事赔偿责任限制看起来虽然对受损失的一方不利,但是由于海上风险很大,为鼓励航海运输业的发展,设立这一制度还是必要的。

333. 丢失的黄金怎么赔偿?

海事赔偿责任限制最早到底出现在什么时候,至今没有统一的意见,但是可以肯定,在很早以前,这项制度就在不同的国家和地区出现了。这项制度曾经出现过好几种不同的表现形式,其中有一种制度形式就是船价制度。

据传说,在17世纪的时候,一艘装运黄金的荷兰船舶被盗,损失的黄金总金额超过了船舶本身的价值,承运人如果赔偿全部损失,自己将遭受的损失是相当惨重的,最终法院判决船舶所有人仅以船价为限承担赔偿责任。后来,荷兰法学家格老秀斯知道后,曾称赞这一判决结果完全符合正义的要求。这样的做法实际上就是人们所说的船价制度。在1734年的英国法律中就采用了船价制度,并规定船舶所有人的责任以该航次终了时的船舶价值和运费为限,债权人的损失超过了此限度,船舶所有人就不再赔偿了。

334. 最早采用"金额制度"的是哪个国家?

对于海事赔偿责任限制制度来说,船价制度也是有缺陷的。因为船舶所有人为了尽量减少自己赔偿的范围,会不注重对船舶的保养,这在客观上会降低船价,减少赔偿的数额。不过这样一来会不利于运输安全和航运的发展,所以又出现了其他的制度形式。金额制度是海事赔偿责任限制的另一种制度。这个制度以船舶的吨位大小为基础,规定一定的金额作为责任限制,责任人仅在这个责任限额内承担赔偿责任。一般来说,船舶的吨位大,责任限制的金额也就相应高。英国是在《1894年商船航运法》中最早采用金额制度的。现在,有关的国际公约都采用了金额制度。该制度在世界上的运用最为广泛。

我国法律也采用金额制度。

335. 为什么保险人和受雇人也可以限制海事赔偿责任？

在海事赔偿责任限制制度中，可以根据海事赔偿责任限制的法律，限制自己赔偿责任的人，人们称为"责任主体"。对于哪些主体可以依法限制赔偿的责任，也就是如何确定责任主体的范围，各国法律规定各不一样，但一般包括船舶所有人、经营人、船舶承租人、救助人，此外还有船长、船员以及其他受前几种人雇佣的人，因为这些受雇人的行为或者过失所引起的责任最终都要由雇主来承担。另外，由于有保险合同的存在，许多赔偿责任最终由保险人按照保险合同来承担，所以保险公司也成了海事赔偿责任限制制度中的责任主体。

336. 海事赔偿中要不要保护救助人的利益？

1971年，一艘名叫"东城丸"号的油船在波斯湾沉没，救助人在救助时由于操作不当，引起爆炸，油船损失很严重，后来法院判决救助人予以赔偿，而且不能限制责任。按说救助人作为船舶所有人或者经营人应当有限制赔偿责任的权利，但是由于本案中救助方不是在船上进行救助作业，因而法院认为不能适用海事赔偿责任限制的法律。救助人对此非常不满。此后，经过各方的努力，终于在1976年的海事赔偿责任限制公约中做出了新的规定，那就是，救助方不管是不是在船上救助均可享受责任限制。

337. 什么是"第一次黑潮"？

海上会发生很多事故，其中有些事故的危害还非常大。特别是有些重大的海上污染事故,造成的损失非常惊人。1967年3月18日,一艘利比里亚籍的名为"托雷·卡尼翁"号的油轮在英吉利海峡触礁,导致船体断裂。当时油轮上载有约12万吨原油,结果大量的原油泄入海中,造成英国南海岸、法国北海岸以及荷兰西海岸海域的大面积污染,给海洋渔业、旅游业等造成了巨大的损失。为了减少损害,英国政府出动飞机,将船舶的残骸炸沉,并设法烧掉了海上的原油。这次重大的海上石油污染事故被称为"第一次黑潮"。

338. 英国的炸船行为是否违反了公海自由原则?

在"托雷·卡尼翁"号油轮污染事件中,英国炸沉了油轮的残骸,减少了污染的损害。不过,英国的这种做法却引起了一个疑问,那就是,油轮触礁事故发生在公海的海面上,沿海国到底有没有类似英国的这种干预公海油污事件的权利?英国的这种做法是否违反了公海自由的原则?有人就认为,船舶有在公海上自由航行的权利,而且在公海上,船舶只受船旗国的管辖,别的国家不能管辖。不过,保护海洋环境实在是太重要了,所以,很多人认为英国的做法是有道理的,并且主张必须制定国际公约,使沿海国有权对公海上的船只采取预防措施,保护自己的海岸免遭污染的损害。在这样的背景下,国际海事组织的前身,也就是政府间海事协商组织,于1969年制定了《国际干预公海油污事件公约》,确定了沿海国有对公海上的油污事件进行干预的权利。

339. 如何赔偿油污事件的受害人？

重大的海上油污事故给受害人导致的损害也是巨大的,如何最大限度地赔偿受害人的损失就成了一个重要的问题。在"托雷·卡尼翁"号油轮污染事件中,由于肇事船舶的所有人根据海事赔偿责任的限制的规定,导致油污受害人获得的损害赔偿非常少,于是人们开始考虑制定有关油污民事赔偿责任的国际公约,一方面用来保护油污受害人的利益,另一方面用来明确责任人的责任。在1969年,政府间海事协商组织除了通过了《国际干预公海油污事件公约》以外,还通过了一个《国际油污损害民事赔偿公约》。这个公约对船舶所有人规定了较严格的责任制度,而且虽然也规定了船舶所有人享有一定的责任限制,但是责任限额很高。另外,公约还规定了船舶要对油污事故的责任进行强制保险的制度,这样在发生油污事故时,即使船舶所有人没有能力赔偿受害人的损失,保险公司也会承担赔偿的责任。这些规定,大大保护了油污受害人的利益。

340. 为什么会出现国际油污损害赔偿基金？

在1969年出现的《国际油污损害民事赔偿公约》对于维护油污受害人的利益起到了一定的作用。不过,根据公约的规定,船舶所有人承担了比较重的经济负担。而实际上,在发生重大的油污事故时,受害人的损失仍然不能得到充分的赔偿。于是在1971年,政府间海事协商组织又通过了一个《设立国际油污损害赔偿基金的公约》,并根据公约设立一个基金,专门用来在《国际油污损害民事赔偿公约》不能提供保护的范围内,对油污受害人提供进一步的赔偿。基金的钱又由谁来出呢?虽然直接造成油污损害的是一些运送石油的承运人,但是海上石油运输最大的受益者却是那些石油进出口公司。所以,赔偿基金的钱实际上都是由这些石油进出口公司出的。

341. 为什么说海上保险是一切保险的鼻祖?

在历史发展的早期,人类要生存,需要面临许多的困难和危险。而一方面相对于陆地上的活动而言,海上的风险更大,更难以对付。另一方面,航海需要很多资金,一旦发生海难事故,损失也是巨大的,这往往是某一个从事航海的人仅凭自己的力量和实力难以承受的,海难事故对他们来说甚至就意味着破产。最好的办法就是分摊这种风险。那么,如何来分摊这种风险呢?那就是多家从业者可以每人拿出一部分资金凑在一起,谁遇到困难就救济谁,这样就不至于使人们在危险重重的航海业面前望而却步了,从而维持航海业的发展。这便产生了保险的雏形,保险业也就这样产生了。海上保险被公认为是一切保险的鼻祖。但是关于海上保险的起源,却是众说纷纭,今天已经无从考证了。

342. 为什么会有保险?

人们在工作和生活当中不可能不遇到某些风险,这些风险往往会造成这样或那样的损失,怎么来对付这些损失呢?人们除了积极预防之外,还可以用个人平时多积累财富作为"后备基金"的办法,用来填补偶然发生的损失。可是,平时准备这种"后备基金"所占份额太大,对于扩大生产和经营又很不利,更何况损失巨大的时候,后备基金也难以补偿,所以,这种办法的作用是有限的。

另一种办法是一家有难,千家来帮,大家都出一点钱,不用太多,然后把这些钱聚集起来,形成一个巨大的后备基金,谁有困难就帮谁,这种办法显然比前一种要好,这便是保险。在保险中,大家投入基金的钱就是保险费,出现困难和损失后获得的赔偿就是保险赔偿金。而且,参加同一保险基金的人越多,所有的人的风险就越集中,而对每一个人而言风险却越分散,因为风险对每一个人来说不是一定会发生的。保险基金数额越大,能够对付的风险也就越大。保险是对付灾难的一个好办法。

343. 保险与冒险借贷是什么关系?

海上保险的起源现在已经难以考证了,对这个问题人们有多种说法,西方的学者多数认为海上保险的起源就是冒险借贷。而起初的这种借贷出现在古巴比伦,后来在地中海一带也有冒险借贷的做法,只是略有不同罢了,但都是有先借了钱再去进行航海冒险的意思。在那时,航海被认为是一种冒险活动。1230年,罗马教皇下令取缔高利贷,但这并没有阻止航海冒险活动的继续进行,而海上冒险借贷也就又以"假借贷"的形式出现了。在"假借贷"中,从事航海的人是真正的借款人,但他以贷款人的名义出现,以借款人名义出现的就是资本所有人。如果船舶和货物平安无事,资本所有人就不用偿还所谓的借款,如果航海冒险失败,资本所有人就要偿还这种名义上的借款,实际上就相当于保险赔偿金。资本所有人相当于保险人,以贷款人名义出现的真正的借款人相当于被保险人,那么保险费是什么呢?真正的借款人在合同签订以前就已经付给资本所有人高额的利息,这实际上相当于保险费。

344. 最早的保险单是在哪里出现的?

世界上最早出现的保险单是海上保险单,但最早的海上保险单到底是什么时候出现的已无法得知。根据最早的发现,1347年,意大利热那亚的贷款者乔治·勒克维纶和即将出海的"圣·克勒拉"号船东签订的一张采用假借贷形式的保险单算是最早的与保险有关的文件了。但是由于它上面没有注明保险人承保的具体风险和危险,所以还不能算是现代意义上的保险单。

迄今发现的第一张具有现代意义的海上保险单应当是1384年签发的承保从法国南部阿尔兹到比萨运送货物的保险单,其中写明了承保的内容,这被视为现代海上保险制度诞生的标志。但实际上,根据历史记载,在当时的意大利,海上保险业已经很发达了。

345. 最早的海上保险法是哪一个?

在14世纪末,意大利的海上保险业已经颇具规模,已经有了一些保险方面的习惯做法,但是世界上最古老的海上保险法却被认为是1435年诞生在西班牙的《巴塞罗那法典》,该法典中订立了关于法院如何保证保险单作用的发挥以及防止欺诈的法律规定。此后意大利的一些城邦国家也效仿这部法典,制定了相应的保险规则,在佛罗伦萨的有关保险条例中还规定了标准的保险单格式。后来,随着海上贸易中心的转移,英国逐渐强大起来,英国也借鉴欧洲大陆的法律和做法,促进了保险业的稳步发展,现在英国的海上保险法律制度成了世界各国参照的范本。

346. 为什么劳埃德咖啡馆名扬四海?

由于英国1601年颁布的第一部海上保险法推动了保险业的发展,与保险有关的活动也多了起来。要保险,就要签订保险合同,保险合同就是被保险人和保险人之间的合同。可是商人,特别是国外的商人要投保,就要努力寻找合适的保险人,这个过程实际上是很麻烦的。于是这样就出现了办理保险业务的中间人——保险经纪人,保险经纪人在英国海上保险中扮演了重要的角色。

在17世纪晚期,一个名叫爱德华·劳埃德的人在伦敦的塔街开设了一家劳埃德咖啡馆,为了吸引顾客,在1696年出版了一份小报《劳埃德新闻》,用来报道海运信息。这样逐渐使咖啡馆成为航运业人士、保险人、保险经纪人聚集的主要场所,并成为伦敦个体保险商中心。后来,咖啡馆于1774年迁入英国的皇家交易所,以咖啡馆开创者名字命名的著名的劳合社便诞生了。劳合社是英国的一个闻名世界的专营海上保险的个体保险商组织。因此,早先的劳埃德咖啡馆也变得非常有名了。

347. 世界海上保险业的中心在哪里?

海上保险活动在西方发展得很早。到了18世纪,英国的伦敦就成为世界上最大的海上保险市场。1775年至

1783年的美国独立战争和1789年至1815年法国资产阶级革命时期的战争,使得航海运输的风险增加,海上保险的保险费率提高。这样,原来欧洲的保险业务和保险商便被吸引到了比较安宁的英国,同时也促进了英国保险业的发展,当时保险的利润很高。到了19世纪,伦敦成为世界海上保险业的中心。1906年,英国又公布实施了《海上保险法》,所附的劳合氏保险单被作为标准的保险单格式广泛使用。至今,伦敦不仅是世界海上保险业的经营中心,而且还是海上保险诉讼和仲裁的中心。

英国伦敦

348. 我国第一家保险公司是哪一个?

我国近现代意义上的保险是在19世纪初随着英国势力的侵入而出现的。当时英国在亚洲的东印度公司既是一个商业组织,又是英国进行殖民侵略的工具。1805年,东印度公司在我国的广州开设了"谏当"(就是"广东"的英语音译)保险行,主要经营与英国贸易有关的运输保险业务。谏当保险行是在我国设立的第一家保险公司,它是一个外资的保险公司。在近代,外资的保险公司为了打击中国新生的民族航运业,限制中国船舶投保的金额,收取苛刻的保险费,获得了巨额的利润。这一切说明,中国必须有自己的民族保险企业。

349. 第一家中国人的保险企业是哪一个?

1842年,我国的爱国思想家魏源在他写的著作《海国图志》中,首次向国人全面地介绍了西方的保险思想和实践,影响很大。西方保险思想传入我国后,在西方保险企业强占我国保险市场的情况下,1865年,第一家由中国人创办的民族保险企业"义和公司保险行"在上海设立,该保险行只经营海上货物运输保险业务。这个保险行的设立标志着中国民族保险业的诞生。

350. 什么是海上保险合同?

海上保险合同是指保险人按照约定,对被保险人遭受保险事故造成保险标的的损失和产生的责任负责赔偿,而由被保险人支付保险费的合同。其中保险人就是保险公司,被保险人就是与保险公司签订合同的投保人,比如签订船舶保险合同的承运人或签订货物保险合同中的托运人。这里所说的保险标的就是指保险合同中保险保障的对象,比如船舶、货物等,在责任保险中还可以是一种责任,比如船舶碰撞产生的赔偿责任,在投保后就可以由保险公司来承担了。

351. 为什么会有推定全损?

在海上保险制度中,在海上由于事故导致的损失可以分为全部损失和部分损失,其中全部损失包括实际全损和推定全损。那么,什么是实际全损和推定全损呢?按照规定,实际全损是指保险标的发生保险事故后灭失,或者受到严重损坏,完全失去原有形体、效用,或者不能再归被保险人所拥有。而推定全损的含义就稍微复杂一些。

当船舶或者货物发生保险事故后,认为实际全损已经不可避免,或者为避免实际全损所需支付的费用会超过保险标的的保险价值。这样,再努力保全船舶或货物就没有什么意义了,这时保险人便可按照保险合同将保险标的当作全损来赔偿,这就是推定全损。举一个例子说,如果自己的手表坏了,尽管是部分坏了,但仍可以修理,可是修理费比原来的手表的价格还高,修理就没有意义了,人们就会认为手表整个都坏了,宁可再买一块新的,买新的比修理旧的还省钱。推定全损也是这样的道理。推定全损制度对被保险人来说是有利的,可以避免一些对保险标的施救的麻烦。

352. 什么是委付?

在保险业务中,委付是指被保险人放弃了保险标的(也就是被保险物)的权利,把保险标的转让给保险人的行为。在海上运输中,船舶或货物发生损失以后,被保险人认为构成了推定全损,可以要求保险人按照全部损失赔偿。但是应当向保险人委付保险标的。保险人可以接受委付,也可以不接受委付,但是应当通知被保险人。保险人接受委付的,被保险人对委付财产的全部权利和义务就转移给了保险人了。被保险人提出委付是不能附加任何条件的,因为如果附加条件,保险人的权利就会不稳定。比如下面的这种情况就不允许:在委付的时候,被保险人提出,如果损坏的船舶能够修好,修好后应当返还给被保险人,同时被保险人将拿到的保险金也返还给保险人。这就是对委付附加了条件,这会损害保险人的利益,也是不合法的。

353. 船舶失踪是推定全损还是实际全损?

大海茫茫无际,船舶航行在海上,什么事情都可能发生,比如沉没、被海盗掠走等。有时由于这样或那样的原因,船舶还会失踪。由于失踪的原因不明,被保险人难以证明是保险事故引起的。不能证明是保险事故引起的,就不能获得保险赔偿金。而且即使能够证明,也需要很长的一段时间,才能向保险人主张全损,这对被保险人很不利。实际上,船舶失踪可以推断船舶完全损失了,但是如果按照推定全损来处理,被保险人还要向保险人委付被保险的船舶,在船舶失踪的情况下这是不可能的。于是法律规定,船舶在合理时间内未从被获知最后消息的地点抵达目的地,除合同另有约定外,满两个月后仍没有获知其消息的,为船舶失踪。而且,船舶失踪属于实际全损,保险人也应当按照实际全损的处理方法向被保险人赔偿损失。

354. 要求赔偿的权利是否可以转移?

在财产保险中,如果是保险人和被保险人之外的某个第三人造成了保险标的的损失,保险人按照合同约定赔偿给被保险人保险金后,被保险人所有的向第三人要求赔偿的权利,自保险人支付赔偿金之日起转移给保险人,这样保险人就可以转而向第三人索赔。保险人的这种权利就是代位求偿权。求偿权转移给保险人之后,被保险人就不能再向第三人索赔了。

船损事故

比如甲船被乙船撞坏了,甲船可以向乙船索赔,这可能很麻烦,但如果甲船投了保险,从保险公司那里获得赔偿,就简单方便一些。而保险公司在赔偿甲船的损失后,可以转而向乙船要求赔偿,但是这时甲船就不能再向乙船索赔了。

355. 船东互保协会是怎么回事?

海上有很多风险,通过海上保险的方式,可以分散风险和损失。可是如果什么都可以用保险的方式来解决损失问题,投保的被保险人就不会对自己的工作尽心尽力,对自己的东西不好好照顾,因为反正出了事有保险公司来赔偿损失,就没有什么好担心的了。为了避免这种情况,保险人就会对船舶在海上运输过程中所遇到的风险不进行全额承保,比如船舶碰撞的赔偿责任保险人就只承保四分之三,剩下的四分之一的责任由船东自己承担,等等,这样船东作为被保险人就不会太过于疏忽自己的工作。可是保险人不承保的风险在船舶的经营过程中又经常会碰到,为了适当地分散风险给船东带来的损失,由船东们自愿组成了一个相互承担保险责任的组织,这就是船东互保协会。与一般的商业保险不同的是,在船东互保协会这个互助保险性质的组织里,没有外来资金的加入,这样看来,每一个船东作为成员既是投保人、被保险人,同时又是保险人了。

356. 海事争议能够避免吗?

在海上运输的过程中,会出现许多事故。比如承运人运送货物,由于管理不慎,造成货物的损失,货主就可以按照运输合同要求赔偿,这种导致损失的行为由于先前订立有合同,人们叫作"违约行为"。再比如船舶发生碰撞,造成船舶和货物以及人员的损失和伤亡,受害方也会要求赔偿。这种行为虽然没有合同的存在,但是造成的损失根据法律的规定也应当赔偿,人们叫作"侵权行为"。此外,在共同海损理算的时候也会有大家意见不一致的情况,这也需要处理。这些在海上运输或与海上运输有关的业务中,由于这些而引起的赔偿纠纷就是海事争议。海上的事故和纠纷很多,海事争议也是在所难免的。

357. 怎样处理海事争议?

如果发生了海事争议该如何去处理呢?在我国解决这类问题的途径有三种,即行政处理、海事仲裁和海事诉讼。其中行政处理是指国家专门的行政机构对海事争议的处理。我国处理海事争议的专门行政机构是港务监督机构。根据我国法律规定,案件的审判权属于人民法院,所以对于海上交通事故引起的纠纷,海事部门只有调解的权利,而不能充当裁判员。其实,除海事部门以外,在纠纷发生后,当事人之外的人都可以对纠纷进行调解,但是由于海事部门对相关的业务比较熟悉,能够较好地了解情况,所以通常情况下都是由海事部门对纠纷进行调解。当然,调解也只能在当事人自愿的基础上进行,如果当事人不愿意进行调解或者调解不成的,可以到法院通过诉讼解决,涉外海事纠纷还可以根据仲裁协议提交仲裁机构仲裁。一般来说,如果海事争议的当事人双方签订了仲裁协议,而且争议属于仲裁协议规定的仲裁范围,则争议只能通过仲裁来解决,而不能到法院提起相关的诉讼。当然,仲裁协议无效的情况除外。

358. 我国有哪几个海事法院?

在处理海事纠纷中,如果当事人到法院提起了诉讼,那么纠纷就只能由法院来处理了。大家知道,任何诉讼都是由法院来审理的,但不同的案件也要由不同的法院审理。海事诉讼与一般的诉讼相比有一定的特殊性,这主要是因为案件多发生在海上,解决这类案件对专业技术和专业知识要求比较高,需要专门的法院来审理和解决。

我国审理海事争议案件的法院为专门的海事法院。根据我国海域和内河水域的情况,我国在以下城市设立了海事法院,它们分别是大连、天津、青岛、上海、宁波、厦门、广州、海口和武汉,各海事法院有各自的管辖水域范围,其中武汉海事法院管辖的是长江流域与水上运输有关的案件。

某海事法院外景

359. 海事仲裁有什么优点?

海事仲裁是指海事争议的当事人自愿达成协议,将争端交由仲裁机构解决的一种处理海事争议的方法。当事人对仲裁机构按照规定做出的裁决应当执行。利用仲裁的方式解决海事争议在国际上最为普遍,所以在国际上也产生了一些著名的仲裁机构,如瑞典的斯德哥尔摩商会仲裁院等,我国也有一个中国国际海事仲裁委员会。

仲裁有很多优点,其中一个优点就是仲裁可以不公开进行,这样可以使当事人保守自己的商业秘密。而海事仲裁除具备一般仲裁的优点之外,还有其他有利于解决纠纷的地方。由于处理海事纠纷对专业技术和专门知识要求比较高,而审理海事争议案件的仲裁员多是海事方面的专家,对有关海事海商方面的专门性法律、国际惯例以及业务问题比较熟悉,便于案件的及时正确地审理,能节省一定的时间和费用。

360. 船舶也能成为被告吗?

不管发生什么纠纷和诉讼,总是人和人之间的事情,原告和被告总是一些公司或个人,通常情况下,物是不能成为被告的。可是,在海事纠纷中,涉及的船舶是会航行移动的,官司如果对自己不利,可能当事人就会驾船逃之夭夭。另外,原告为了顺利地打官司,一般会请求法院扣押被告的船舶,若是这样做,就要先搞清楚船舶和被告之间的关系,以免在诉讼中出现错误,扣错了船。这个过程可能很麻烦。于是在英国就出现了直接以船舶为诉讼对象的所谓"对物诉讼",将船舶作为被告,并进行扣押和拍卖,以偿付欠债权人的债务。"对物诉讼"的直接目的是迫使船舶等财产的真正所有人出庭进行诉讼,解决纠纷。但是严格地说,在我国,船舶等物品是不能成为被告的。

361. 处理海事纠纷为什么可以进行诉前保全?

海上发生事故以后,或者其他纠纷发生后,责任人为了逃避责任,往往一走了之。特别是纠纷涉及船舶的时候,更会发生这种情况,因为船舶总是能够航行移动的。这样,即使最后通过法院审理,判决受损失人胜诉,由于找不到责任人和责任人的财产,也难以补偿受害人的损失。所以,受害人作为原告起诉到法院的时候,就会请求法院查封扣押被告的财产,这叫作财产保全。可是提起诉讼、法院立案这个程序是需要时间的,被告可以趁机藏匿财产。于是法律规定当事人可以先请求法院查封扣押被告的财产以保全他的诉讼请求,然后再起诉,这样就不会错失良机了,这种诉讼前的财产保全就是"诉前保全"。正是因为诉前保全有利于纠纷及时、公平地得到解决,所以在海事纠纷中得到了有效使用。

362. 什么是玛瑞瓦禁令?

"玛瑞瓦"实际上是一艘船的名字,所谓玛瑞瓦禁令,就是从"玛瑞瓦"号事件开始引出来的一条通用的法令。事情发生在1975年,当时英国法院审理了一个案件,由玛瑞瓦海运有限公司为原告诉国际散装货船公司。该案中,原告将"玛瑞瓦"号货船租给被告,而被告却不按照合同给付租金,并声称没有钱,无力支付租金,但实际上被告在某一家银行里存有一笔钱。法院认为,在这种情况下,债务人有转移财产、使将来的判决难以执行的危险,因此有必要发布一项禁令,冻结被告的银行账户,防止债务人转移财产。后来法庭将禁令送到银行后,发现被告的账户上只有3美元了。虽然没有取得预期的效果,但是从此在英国法律中有了一个以本案船舶的名字命名的司法程序,也就是玛瑞瓦禁令。此后,债权人为了保证自己债权的实现,便可以向法院申请发布禁令,扣押或冻结被告陆地上的财产,保证日后的判决顺利执行。实际上,在我国也有与之类似的相应的制度,那就是财产保全。

海洋权益

神圣的海洋权益

363. 我国古代也有海洋法吗？

在我国古代，由于技术条件的限制，对海洋的利用有限。不过，也有郑和下西洋这样的航海壮举，可以推断，那时应当有一些有关海洋的规则，但很少有记载。

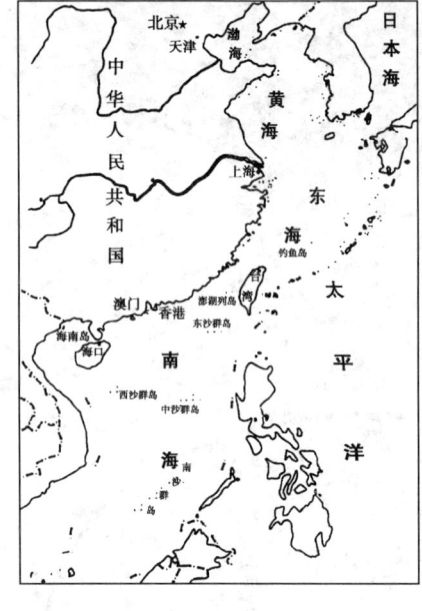

我国的海域

在我国，涉及国与国之间的国际法只是在近代才出现的，海洋法也是从这时起才逐步发展起来。可是在近代还真的出现过清政府运用有关海洋规则维护国家主权的例子。那是1864年，当时德国还没有完全统一，德国内部的邦国普鲁士为完成德国的统一，正与丹麦进行普丹战争，而且发生了普鲁士军舰在我国的渤海湾拿捕丹麦船的事情。于是，清政府根据外国著作中提到的领海规则，向普鲁士提出了抗议，结果该船就被释放了，因为在我国海域的这种做法明显侵犯了我国的主权，是非法的、无效的，未经我国同意，其他国家不能在我国领海随意行事（现在来看，严格地说，渤海是我国的内海）。当然，在那个时代，我国通过国际法的规则保护自己利益的例子是难得一见的。这种局面只有在新中国成立后才彻底得以改变。

364. 我国海商法是"舶来货"吗？

我国的海岸线漫长，自古就有很多航海方面的伟大壮举。郑和下西洋人人皆知，然而有关航海技术和航海法律规范方面的资料却罕见记载，这的确是很遗憾的事情。我国现代意义上的海商法实际上是从清朝末年起逐渐从日本和欧美引进和借鉴过来的。从这一点上来说，我国的海商法是"舶来货"。

新中国成立后，国民党政府的一切法律均被废除，但海商法却迟迟没有制定出

郑和下西洋

来。经过长期的努力，在1992年11月7日第七届全国人民代表大会常务委员会第二十八次会议上通过了新中国第一部海商法——《中华人民共和国海商法》，该法于1993年7月1日起施行，这改变了我国海运领域无法可依的局面。该法借鉴了国际公约和国际惯例的一些做法，同时也考虑到了本国的国情，体现了"拿来主义"的精

神。

365. 什么是"海上丝绸之路"？

人们都知道,我国的航海历史悠久,其实这跟我国长期的对外交往历史有关。我国古代的对外交往活动很多,早在汉朝时候,就出现了经由新疆通往欧亚等西方国家的交通大道。通过这条大道,中外之间进行着各种商品交易和人员的往来,其中最著名和最重要的商品就是中国在国际上驰名的丝织品,所以,这条大道被称为"丝绸之路"。除了陆上交通以外,航海活动也很频繁,特别是在唐宋

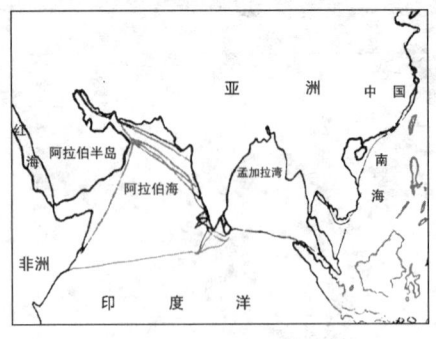

郑和下西洋的航线

时期,国力强盛,经济繁荣,在我国的东南沿海出现了像广州、扬州等这样的大港口和国际贸易市场,许多商品通过海路,经过南海,运往东南亚、南亚、西亚甚至非洲等地区,这种局面一直持续到明朝时期。这一条海上的贸易通道被称为"海上丝绸之路"。

366. 什么是"市舶使"？

在唐宋时期,我国就已经有了负责进行海上运输和对外贸易管理的机构。当时在广州,唐朝政府设立了"市舶使",负责对外来船舶运输、入港、贸易等各个方面进行管理,除了征收一些必要的税费以外,还鼓励船舶往来和

商品贸易自由。市舶使的职能很多,包括现在的海关、航运、对外贸易等各个管理部门的职能。在唐朝,这些制度和措施使当时的对外交往十分开放。到了宋代,沿袭了唐朝的市舶制度,并且更加完善了。宋朝建立了"市舶司",用来专门负责海上贸易和征税。市舶制度延续了很长的时间。可是到了清朝,由于实行严格的闭关锁国政策,对船舶往来和对外商品贸易进行严格的限制,取消了唐朝以来实行了1000年之久的市舶制度。

宋代海船

367. "海禁"能禁住洋枪洋炮吗?

我国古代的航海运输和对外贸易在国际上有重要的地位,这种对外开放的局面一直延续到明朝。到了明朝中期以后,统治者以防止沿海倭寇侵害为由,实行"海禁",关闭对外口岸,采取了闭关锁国的政策。虽然经过各种反复,海禁制度还是延续下来了。到了清朝,满清政府害怕汉族人士在海外组织反清力量,更加严格地实行海禁制度,规定"寸板不许下海"、"片帆不准入港"。我国的航运和对外贸易因此走向了衰落。可是海禁并没能禁止外国侵略势力的进入,1840年,英国为了向中国输入鸦片,用炮火打开了我国的国门。靠海禁、闭关锁国既不能强国富民,也不能抵抗侵略。

368. 什么是"五口通商"?

在我国的近代,有一段屈辱的历史。1840年,英国对我国发动了鸦片战争。结果腐败的清政府战败,与英国签订了不平等的《南京条约》。根据条约,中国除了赔款割地以外,还被迫开放了广州、厦门、福州、宁波、上海作为对外通商的口岸,这就是五口通商。这样,我国的国门

鸦片战争

被打开了。此后,在西方帝国主义国家历次的侵略活动中,又陆续签订了一系列不平等的条约,侵略的范围逐渐从沿海深入到内地。不光我国的海洋权益和对外贸易受到了侵犯和破坏,就连国家的主权和安全也完全受到了侵犯,自此我国开始沦落为半殖民地半封建社会国家。

369. 什么是"亚罗"号事件?

在中国近代屈辱的历史中,西方列强总是利用各种借口进行侵略活动,在鸦片战争以后,又挑起了第二次鸦片战争,"亚罗"号事件就是第二次鸦片战争的导火线。

1856年10月8日,清朝水师在广州黄埔港查扣了一艘叫作"亚罗"号的走私船,逮捕了隐藏在船上的两名海盗和其他有嫌疑的10名水手。"亚罗"号是中国人的船,船主为了从事走私和海盗活动,将船舶在香港注册,从在香港的英国当局领了一张为期一年的执照,但是执照在船舶被查扣前已经过期了,所以整个事件本来是与英国没有任何关系的,但英国方面认为这是挑起事端的好机会。于是英方歪曲事实,要求清政府释放人犯,赔礼道歉。对此,清朝官员先是满不在乎,后又惊慌失措,满足了英国的无理要求。这助长了侵略者的气焰。1856年10月23日,英国海军以"亚罗"号事件为借口,挑起了第二次鸦片战争。法国、俄国、美国也借机加入了侵略的行列。在当时,强权即公理,弱国无外交。那时候,政府腐败,军队衰弱,船不坚炮不利,国家有海无防。那段屈辱的历史告诫人们,必须加强国家的建设,维护国家的主权和安全,维护国家的海洋权益。

370. 我国的国际海洋法是怎么来的?

国际法被认为是随着资本主义的兴起在16世纪至17世纪出现在欧洲,传到中国来是19世纪60年代。1864年,清政府同文馆总教习丁韪良,在美国驻华公使蒲安臣的鼓励下,把美国法学家惠顿的《国际法原理》一书翻译成汉文,称为《万国公法》,这是第一次正式地、全面地把国际法著作介绍到中国。其实,在此之前,林则徐也曾试图通过国际法规则维护祖国的独立和尊严。此后还出现了我国利用海洋法规则处理外交关系的例子。当然,当时的国际列强不愿按照国际法来处理与中国的关系,也不愿看到中国了解国际法并主张国际法上的权利。当时一个法国人就曾责问蒲安臣:"谁使中国人了解到我们欧洲国际法?杀死他,绞死他,他将给我们制造无穷的麻烦。"可是国际法在中国还是不断地发展起来了。作为国际法的一个组成部分的海洋法也被引进和发展起来。所以说,国际海洋法是外来的这种说法是正确的。

林则徐像

371. 我国有哪些海洋方面的立法?

在新中国成立以前,我国的海洋立法很少。新中国成立以后,国家非常重视我国的海洋权益。为了更好地保护、管理和利用好海洋,国家制定了一系列法律和规章,使我国初步建立起了海洋法律体系。早在1958年,我国政府就发表了关于领海的声明,明确了我国关于领海等方面的态度和观点。特别是在改革开放以后,我国在海洋立法方面的成就更加显著了。1992年,制定了《领海及毗连区法》,1998年制定了《专属经济区和大陆架法》,1982年制定了《海洋环境保护法》,并于1999年还重新进行了制定。此外,我国在1996年还发表了关于领海基线的声明。我国有关海洋的法律规定还有很多,这些法律涉及领海、毗连区、专属经济区、大陆架、海峡、海湾以及海洋资源开发和海洋环境保护等各个方面。另外,我国还是《联合国海洋法公约》的缔约国。所有的这些法律对我国更好地利用海洋、管理海洋,维护我国的海洋权益,有十分重要的作用和意义。

372. 渤海是我国的内海还是领海?

我国的渤海位于辽东半岛和山东半岛之间,三面环陆,东部通过渤海海峡与黄海相连。渤海实际上是一个海湾,人们把它叫作渤海湾。湾内在天津和河北沿海一带还有一个小的海湾,也叫渤海湾,与这里要讲的渤海湾不是一回事,它仅仅是渤海的一部分。这个小的渤海湾与辽东湾、莱州湾构成了渤海的主要部

渤海示意图

分。渤海湾以自辽东半岛的老铁山角至山东半岛北岸的蓬莱角的连线与黄海分界。渤海湾口有一系列岛屿,这些岛屿从北向南排列在渤海湾口,将渤海海峡分割成了大小9个水道,每一条水道的宽度均不足24海里。这样连接这些岛屿的直线基线就把渤海湾划入了我国内海的范围。所以,从地理上说,渤海湾就是我国的内海。实际上,自古以来,我国就始终把渤海湾作为领土的一部分进行着有效的管理和控制,其他国家长期以来也一直承认这一点,所以渤海湾也有历史性海湾的特征。因此,不管是从地理的角度,还是从历史性水域的角度来看,渤海应是我国的内海,而不是领海。

373. 为什么说琼州海峡是我国内海?

琼州海峡位于我国南部雷州半岛和海南岛之间,东面是南海,西面是北部湾。海峡长为54海里,宽为10.8海里。由于它的宽度小于24海里,也就是小于两个领海宽度,所以可以用直线基线法将海峡划入我国内水。根据我国关于领海的声明,琼州海峡被划入我国的领海的直线基线以内,是我国的内海海峡,完全受我国主权的管辖,外国船舶未经允许不

琼州海峡示意图

得进入或穿过海峡。也就是说,外国船舶没有无害通过权,外国军用船舶不得通过。外国非军用船舶如需通过,必须按照规定在进入海峡 48 小时前或起航前提出过峡申请,并报告船舶的有关情况,在接到批准过峡的通知后才能过峡。

374. 我国大陆架范围有多大?

我国陆地领土辽阔,海岸线漫长,周围的大面积的大陆架都是我国陆地领土向海洋的自然延伸。我国是世界上大陆架超过 200 海里的 18 个国家之一。渤海是我国的内海,从地理的角度来说,渤海海底部分全部是大陆架,完全属于我国所有。黄海海底也是一片大陆架,位于中国和朝鲜半岛之间。东海海底则全部是中国大陆领土的延伸部分。南海的大陆架也很辽阔。根据有关的国际公约,我国拥有的大陆架的范围可达到约 350 万平方千米,在这些大陆架上,蕴藏着包括石油在内的丰富的资源。

375. 东海大陆架是哪国大陆的自然延伸?

东海大陆架位于中国、日本和韩国之间,在大陆架的东侧是冲绳海槽,海槽以东是日本的琉球群岛。我国与日本隔海相向,根据大陆架的地理特点,冲绳海槽应当是我国东海大陆架和琉球群岛大陆架的自然分界线,也就是我国和日本大陆架之间的分界线。所以,可以说,东海大陆架完全是我国陆地领土的自然延伸。然而,日本却主张用中间线的划界方法来给两国的大陆架分界,这样日本就会得到更多的大陆架。实际上中间线方法不是国际法的习惯规则，而且也不符合实际的地理状况。大陆架划界的最基本的规则是自然延伸，这是划界的前提。对于大陆架纠纷，我国一直主张通过谈判来解决，可是日本却单方面与韩国达成所谓的"共同开发协定"，在我国的大陆架上进行勘探和开发活动，这是没有法律依据的行为。

376. 为什么要建立休渔制度？

近年来，我国在周围的海域实行了休渔制度，明确规定在一定的海域、一定的时期内，不得进行捕鱼活动，或者禁止使用特定的捕鱼工具进行捕鱼。休渔期是禁渔期，它根据水生资源的生长、季节习性等，避开这些生物繁殖、幼苗生长时间，以达到保护资源的目的。各海区、水域，每年的休渔期并不一定是固定的。比如渤海湾前几年一般是6月15日—8月16日，而2008年是6月16日—9月1日。休渔期期间，所有渔船入港、船员上岸、渔网入库，任何单位和个人不得私自拖网、围网，也不可以向实施这种行为的渔船供油、供冰，也不能收购、运输、储藏鱼货等，否则将会受到法律的制裁。禁渔区与禁渔期不同，禁渔区是常年不允许捕捞的地区，主要是繁殖场或越冬场等。禁渔期往往是鱼类繁殖生长期；禁渔区也往往是对鱼类的繁殖生长影响重大，关系到国家海洋水产总量的地区；禁止使用特定的捕鱼工具也是为了避免过度捕捞，以免把"鱼子鱼孙"都一网打尽。长期以来，我国沿海地区过分强调发展海洋捕捞，导致海洋渔业资源连年严重衰退，海洋捕捞强度实际上已经超过海洋渔业资

海洋权益

源自然再生的能力,严重威胁到了我国渔业的可持续发展。在这种情况下,不得不实行休渔制度,给海洋鱼类的繁殖生长、渔业资源的再生创造条件。事实证明,在经过休渔后,海洋渔业资源从质量和数量上都有了明显的提高。

377. 谁应当对南海撞机事件负责?

2001年4月1日,一架美国侦察飞机在我国海南岛周围的我国专属经济区海域上空进行间谍侦察活动。为了维护国家的安全,我国的两架战斗机对美国飞机进行跟踪监视。在飞行中,美国飞机未经警示,突然转向,将我国的一架飞机撞毁,飞行员王伟被迫跳伞,后被证实壮烈牺牲。撞机后,美国飞机又未经允许,非法闯入我国的领空,降落在海南岛的陵水机场。事件发生后,有的美国人认为,撞机是中国飞机挑衅性的行为引起的,而且中国的战斗机飞行速度快,有避让的义务,这是完全不符合事实、没有依据的观点。中国的做法是符合国际法的,此次撞机事件的直接原因,是美方飞机违反飞行规则,突然转向造成的。但其根源在于美方飞机在中国近海多次频繁地进行敌意性的侦察活动。因此,要从根本上避免此类事件发生,美方应停止这种威胁国家安全、侵害中国国家利益的侦察活动。对此美方极力辩解说它是在国际空域进行的活动,在该空域其根据国际法享有"飞越自由"。这种论点是站不住脚的。

在这个事件中,我国的飞机在我国专属经济区上空对美国的军用侦察飞机进行跟踪和监视,是为了维护我国在专属经济区的利益和国家的安全,完全符合国际法和国际惯例的要求。

378. 撞机肇事的美国飞机是正常飞越吗?

2001年4月1日,在我国南海上空发生了美国飞机和我国飞机相撞的事件,事件发生后,一些美国人认为,美国飞机在中国的专属经济区上空有飞越的自由,中国不应进行监视。美国的这种观点是站不住脚的。美国虽然没有签署《联合国海洋法公约》,但公约的规定已被广泛接受为公认的国际法规则,即使尚未批准海洋法公约的国家,同样应受到这些规则的拘束。虽然,在别的国家的专属经济区上空飞机有飞越的自由,但是一定要顾及到专属经济区所属的沿海国的利益。何况美国的军用侦察飞机是在进行间谍侦察,根本不属于所谓的正常飞越,这是对飞越自由的滥用。中国完全有权利为了维护自身的安全采取必要的措施。

379. 我国是否有权对非法入境飞机进行检查?

一个国家对自己的领陆、领水和领空有神圣不可侵犯的主权,对于侵犯这种主权的行为当然有权进行调查和处理。在南海撞机事件中,美国飞机在撞毁我国飞机后,未经允许,还擅自闯入我国领空,并降落在我国的机场。更可笑的是,美国方面居然要求我国做出不要登机检查的保证,说什么飞机是美国国家的财产,有管辖豁免权。这种论调是毫无根据的。根据国际法的规定,任何飞机未经许可,不得在别的国家的领土上空飞行或在领土上降落,更何况是这种军用间谍侦察飞机! 所谓的军用飞机有管辖豁免权,那是在正常的时候。也就是说,如果外国的军用飞机是应邀进行友好访问而入境,可以有豁免权,可是像这种公然违反国际法,非法侵入别国领空、领土的军用间谍侦察机,就根本没有管辖豁免权可言。作为撞机的受害国,我们在自己的领土上,为了查清事实,当然可以对非法入境飞机进行检查,对机上的人员进行调查和处理。

380. 我国是如何对付海盗行为的?

近些年来,在东南亚以及我国东南沿海一带,海盗犯罪时有发生,严重扰乱了航海运输秩序和沿海地区的社会治安,这引起广泛的关注,我国对此进行了严厉打击,取得了重大的胜利。海盗犯罪是一种按照国际法的规定可以进行普遍管辖的国际罪行。根据普遍管辖的原则,一个国家对有关公约规定的国际性的犯罪进行管辖,不仅是这

海盗行为

个国家的权利,往往也是条约规定的义务。当然,在行使这种管辖权的时候,国家应当按照本国法律的规定进行。

对于海盗犯罪,有的国家的刑法有专门的海盗罪。而在我国,刑法当中没有设定独立的海盗罪,但是规定有抢劫罪、故意杀人罪、故意伤害罪、爆炸罪以及劫持船舶、

汽车罪等,而这些行为往往就是海盗行为的几种情况,所以我国对于海盗行为可以按照这些规定进行处理。

381. 什么是"银河"号事件?

"银河"号是中国远洋运输总公司广州远洋运输公司所属的全集装箱货轮。1993年7月7日,该船按计划在天津新港装货后启航,途经上海—香港—新加坡—雅加达,最后共载628个集装箱,驶向中东,预计8月3日抵达位于波斯湾的迪拜港卸货,然后去沙特达曼港和科威特港。

银河号

然而,美国从7月23日起,根据掌握的所谓情报,指控中国"银河"号货轮7月15日从大连港出发,装载着制造化学武器的原料,驶往伊朗的阿巴斯港。美国官员还振振有词地宣称:美国政府要求中国政府立即采取措施,制止这一出口行为,并威胁要制裁中国,甚至要求中国政府命令"银河"号返回出发地;或由美国人登船检查货物;或者停留在某个地点,听候发落。对于美方的多次无端指控和霸道行径,中方提出了强烈抗议。

为避免事态恶化,妥善解决问题,中方于8月3日指示"银河"号暂停前进,在距离霍尔木兹海峡十多海里的公海上抛锚。中方对美方的质疑经过认真、全面调查后,于8月4日明确告诉美方："银河"号货轮根本没有装载美方所说的两项化学品,并提出了解决问题的积极建议。8月7日,中国外交部负责人发表讲话严正指出,美方所称中国"银河"号启程日期、启始港和抵达港完全失实,所谓该货轮载有制造化学武器的化学物品纯属造谣,并强烈抗议美方对中方的澄清置之不理的霸道行为。但是,美国方面决心对该船进行检查,不顾国际法的基本准则,使用军舰、飞机等武力对"银河"号进行跟踪和监视。"银河"号后来经多方努力,进入达曼港。为了澄清事实,完成运输任务,在经过交涉后,由中国政府代表与沙特政府代表一起对"银河"号进行检查,美国派专家作为沙特方面的技术顾问参与检查。检查的结果证明,根本没有美国所称的化学品。

美国这种无视国际法、无中生有的做法遭到了各国的谴责和反对。美国的做法没有任何法律依据,侵害了商船正常的航行权利,违反了国际法,应当对整个事件的后果负责。

382. 钓鱼岛的归属是有争议的吗?

钓鱼岛在台湾岛东北方向的海域上,离台湾岛有约92海里,由5个无人居住的小岛和3个石礁组成。自15世纪以来,钓鱼岛一直是我国先占取得的领土。1895年,由于清政府在甲午战争中战败,钓鱼岛连同台湾被一起割让给了日本。1945年,日本在第二次世界大战中战败,钓鱼岛与台湾一起又归还了中国。所以,钓鱼岛的归属本应是没有争议的。但是作为战胜国的美国却在1971

年将钓鱼岛作为冲绳群岛的一部分交给了日本,这侵犯了我国的主权,我国政府对此提出了强烈的抗议。现在,日本有一些人试图在岛上建立灯塔等建筑,妄图造成占据的事实,我国进行了坚决的反对。根据我国的《领海与毗连区法》,我国已郑重宣布钓鱼岛是我国神圣不可分割的领土。

383. 钓鱼岛由哪些部分组成?

钓鱼岛实际上是一系列岛屿的统称。其中钓鱼岛的面积最大。钓鱼岛列岛位于我国台湾岛东北约92海里远的地方,距离日本的琉球群岛约73海里,但是双方之间相隔一条很深的海沟。钓鱼岛列岛由钓鱼岛、黄尾屿、赤尾屿、南小岛、北小岛以及3个小岛礁组成,总面积为6.3平方千米左右。其中,钓鱼岛面积为4.3平方千米,海拔

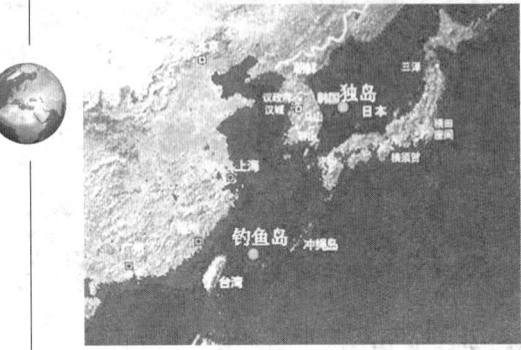

我国钓鱼岛位置

约362米。虽然岛上没有长期居住的居民,但是我国人民特别是台湾人民,长期以来就在钓鱼岛等岛屿上进行各种生产活动。早在明代就有关于钓鱼岛的历史文献记载,这些岛屿那时就成为中国的海防区域。

384. 为什么说钓鱼岛自古就是中国的领土?

钓鱼岛自古以来就是中国的领土。在明朝的时候,

海洋权益

已经有各种文献记载证明钓鱼岛是中国的领土。那时无论是文字的记载还是官方的地图都已经清楚地表明了钓鱼岛列岛的名称和方位,并与琉球国(今日本冲绳县)有明确的区分。清朝延续了明朝以来的统治,直到1893年,也就是甲午战争的前一年,慈禧太后还曾经下诏书,将钓鱼岛赏赐给当时的邮传部尚书盛宣怀,作为采药的地方。所以说钓鱼岛历来就是中国的领土,这一点,实际上日本的有关历史文献也有类似的记载。日本的一些历史学家也认可这样的观点。只是近代以来,日本一些别有用心的人不顾历史事实和法律,用侵略等不法行为企图侵占钓鱼岛,才形成了现在的所谓"争议"。

385. 日本是如何染指钓鱼岛的?

在近代,日本曾长期在中国以及中国周边地区进行领土扩张活动。在我国清朝末期,日本在吞并了琉球,将琉球国改为冲绳县后,1884年才发现钓鱼岛的存在。当时日本官方经过调查已经认识到这些岛屿不是无主地,而是大清国的领土,没有公然采取侵略行为,甚至直到甲午战争开战那年,由于没有获胜的把握,也没敢轻举妄动,但是已经有侵略的意图和准备了。随着甲午战争日本的胜利,通过不平等的中日马关条约,中国被迫割让台湾及其周围的岛屿。一直到第二次世界大战结束,日本战败,钓鱼岛等台湾周围的附属岛屿一直被日本所占,长达50年之久。第二次世界大战后,钓鱼岛本应归还给中国,可是作为第二次世界大战战胜国的美国,却将钓鱼岛列岛非法交给了日本。这引起了全世界华人的反对。此后,美国又作了一些模棱两可的表示,使日本的窃取行为有机可乘,并形成了中日之间所谓的钓鱼岛问题。

386. 南海诸岛包括哪些岛屿?

在中国南海有4个群岛,它们分别是南沙群岛、西沙群岛、中沙群岛和东沙群岛。这些群岛又由150多个珊瑚岛组成。所有岛屿都是由中国人最先发现和命名的,自古以来就是中国的领土。如西沙群岛和南沙群岛,早在汉武帝时期就已经为中国人所发现。历朝政府对南海诸岛都有行使管辖权的活动。自19世纪以来,西方一些国家以及日本曾多次侵犯这些岛屿,均遭到了我国强烈的反对。我国在这些群岛

中国南海诸岛示意图

上的主权一向为世界各国所承认。根据先占取得无主地的原则,南海诸岛历来就是中国的领土。

387. 为什么说中国是南海诸岛的主权国?

我国对南海诸岛的主权,应当说自古以来就有。早在公元前2世纪,也就是汉武帝的时代,中国人就发现了西沙群岛和南沙群岛,三国时期也有关于这两个群岛的地理记载。宋朝以来,历朝历代均对这两个群岛行使管辖权。宋朝时我国海军还曾到西沙巡海。元代时,天文

海洋权益

学家郭守敬曾受指派到南海进行测量活动。清朝康熙年间,广东水师也到过西沙巡海。在1909年,两广总督张人骏曾派水师提督李淮到西沙,查明岛屿15座,举行仪式,升旗鸣炮,重申主权。东沙群岛和中沙群岛离中国大陆较近,也是自古就属于我国。

388. 南海诸岛的范围线是怎么得来的?

大家都学过地理,当我们展开中国地图的时候,一眼就可以看到我国南海诸岛的位置和范围。实际上,在1935年,为了表明我国对南海诸岛的主权,当时的中国政府就正式出版了《中国南海各岛屿图》,这张地图向世界表明了范围线以内的岛屿属于中国的领土,这为以后地图的出版提供了依据。这是中国政府第一次比较全面、详细地公布我国南海诸岛的地理位置。在以后,又多次出版相关的地图,并将南海诸岛划归广东省管辖,还调整了部分岛屿的名称。新中国成立后,我国政府重申了对南海诸岛的领土主权,并在出版的地图中沿袭了过去南海诸岛范围线的画法。这种画法表明了我国对南海诸岛以及相关海域的历史性权力。

389. 外国对南海诸岛进行了哪些侵略活动?

在近代以前的历史上,中国对南海诸岛的统治一直没有受到外国的影响。只是到了近代,西方列强才开始在这些地区进行侵略活动。1883年,德国在西沙和南沙进行过测量活动,在清朝的抗议下不得不停止。1931年,法国企图侵占西沙,受到了中国的反对和批驳。1933年,法国侵占了南沙的部分岛屿,中国也提出了强烈的抗议。

1939年,日本曾一度侵占西沙和南沙。第二次世界大战结束,日本投降后,中国政府于1946年正式接管被占岛屿。1974年,南越当局派军船侵犯了我西沙群岛,我国军民奋起自卫还击,将入侵者驱逐。近些年来,还有国家不断地在这一地区进行不法活动,但这些活动都不能改变中国对这些岛屿拥有主权的事实。

390. 强行侵占能产生主权吗?

侵略的行为是违反国际法的,侵略者对于侵占得来的地方是没有主权的。在1987年,越南非法侵占我国南沙的柏礁岛,并声称在1987年以前,中国在南沙群岛"从未存在过",以此为自己的行为辩解。对越南的非法侵占,我国进行了强烈抗议和强有力的批驳。我国在历史上就对这些岛屿进行统治,还曾多次进行过主权的宣告,这一点越南以前也是承认的。在1958年,我国曾发表领海声明,再次表明了对这些岛屿的主权,当时越南官方的文件同意了我国的声明。后来却出尔反尔,频繁进行侵略活动。对此,我国坚决予以反对。无论如何,强行侵占是不能产生主权的。

391. "邻近"能够产生主权吗?

有人主张,对于邻近本国领土的岛屿,应当是本国领土的天然附属物而归本国所有,企图用"邻近说"来主张领土主权。但是,用"邻近说"来主张领土主权是没有国际法上的依据的,以前曾经发生过的帕尔马斯岛仲裁案的处理结果就体现了这个道理。可是在我国南海诸岛周围的邻近国家里曾有人主张,在南海诸岛中,包括太平岛和南威岛在内的一些岛屿,应当属于菲律宾,理由是它们离菲律宾最近。这种观点是毫无法律根据的。任何领土主权的确立,都要尊重历史事实和国际法的原则。南海诸岛自古以来就是中国的领土,以临近或实际占领为理由企图侵占这些岛屿,都是非法的。"邻近"可能是一个事实,但这决不是取得主权的理由和依据。

392. 什么是"搁置争议,共同开发"?

我国对于解决国际争端总是抱着和平谈判的态度。一些国家对南海诸岛及其周围海域的主权归属有各种不同的意见,对于这个问题,为了维护与有关国家的友好关系以及南海地区的稳定,我国政府一贯主张用谈判的方法和平解决争端,还提出了"搁置争议,共同开发"的建议。南海海域有丰富的石油等资源,各国可以在开发资源上进行合作,共同开发和利用。对于海域和岛屿的争议,可以暂时搁置,在条件成熟的时候再谈判解决。这个建议对于解决纠纷是有积极意义的。可是有的国家仍然企图用强行占领造成既成事实,这实际上是不能得逞的。

393. 什么是香港问题?

香港地区包括香港岛、九龙和新界,自古以来就是中国的领土。自1840年以来,英国通过战争、武力夺取以及签订不平等条约等卑劣的手段,占据了香港。此后,我国人民一直为收回香港作努力。但在新中国成立以前并没有成功。在第二次世界大战中,香港还陷落在日本人手中。但是日本战败后,当时的国民党政府却没有收回香港。香港是中国的领土,香港问题不是一个主权归属的问题,而是中国如何恢复行使主权的问题。直到新中国成立以后,香港问题才有了解决的希望。在邓小平等老一辈革命家和我国政府的努力下,通过和平谈判的方式,终于与英国政府达成了协议,解决了香港回归问题。1997年7月1日,香港终于回到了祖国的怀抱。

香港会议展览中心

394. 英国是如何占领香港岛的?

历史上,英国觊觎中国的沿海岛屿由来已久。鸦片战争中,在战争尚未结束的时候,英军就于1841年占领了香港岛,并宣称香港岛已经归英国所有。1842年,清政府在鸦片战争中失败,被逼无奈与英国签订了不平等的《南京条约》。在英国的要挟下,条约中规定,清政府割让香港岛给英国,"以便修船及存守所用物料"。这便成了英国占领香港的所谓依据。实际上,在《南京条约》签订以前,英国就已经非法地强行占领并控制了香港岛。

海洋权益

395. 英国是怎样占据九龙的？

九龙原本是指香港岛旁边的一个半岛,地理位置十分重要。英国占领香港岛以后,野心继续膨胀,进一步开始了割占九龙的阴谋。1856年,英国以"亚罗"号事件为借口,挑起了第二次鸦片战争。在战争进行过程中,英国一方面用武力占领了九龙半岛南部,一方面策划强行租借。1860年,中英签订了不平等的《天津条约》和《北京条约》,根据《北京条约》的规定,现在的九龙半岛界限街以南部分,包括昂船洲在内的领土,被英国永久租借。这样,九龙就被英国强行割占了。

396. "新界"是怎么产生的？

19世纪末,清政府在1894年开始的中日甲午战争中节节败退,西方列强也纷纷在中国划分势力范围,租借领土,英国当然也不甘落后。英国在我国北方强租威海卫,

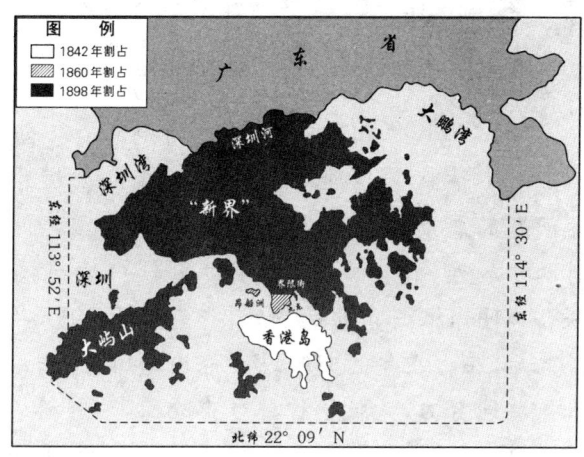

香港地理图

在南方,则想进一步扩大香港的管辖范围,占据整个九龙半岛。1898年,清政府和英国签订了不平等的《展拓香港界址专条》,根据这个条约,英国租借九龙,开始日期为1898年7月1日,租期为99年。这样,英国继占领了香港岛和九龙以后,又霸占了现在的深圳河以南、界限街以北的九龙半岛地区,以及附近的许多岛屿。这些地区后来就被称为"新界"。

397. 香港是如何回归祖国的?

回顾香港回归的历程和香港现在的繁荣稳定,展望它美好的未来,我国领导人和中国政府的英明果断、远见卓识令世人佩服。这段历史也更令人难忘。新中国成立以后,中国政府就一直表示,香港是中国领土的一部分,

中国香港特别行政区区徽

中国将在条件成熟的时候恢复对香港行使主权。在中共十一届三中全会以后,中国人民实现祖国统一的步伐加快了。邓小平提出了"一个国家,两种制度"的解决香港和台湾问题的构想。由于新界的租期将满,英国也不断试探中国对于香港问题的态度。在此背景下,中国和英国之间进行了历时两年的谈判,在1984年终于签署了《关于香港问题的联合声明》,根据声明的内容,香港将于1997年回归祖国。此后,在十几年的回归过渡期内,祖国大陆人民和香港人民共同努力,克服了种种艰难险阻,为香港的回归铺平了道路。1997年7月1日,香港终于回到了祖国的

怀抱。

398. 中英联合声明有哪些内容？

1984年，中国和英国签署了《关于香港问题的联合声明》，声明确认，中国政府于1997年7月1日对香港恢复行使主权，英国政府于同日将香港交还中国。在联合声明中，中国政府阐明了对香港的基本政策方针，主要包括：设立直辖于中央人民政府的香港特别行政区；除外交事务由中央人民政府管辖以外，香港特别行政区享有高

中英香港政权交接仪式

度的自治权，香港现行的法律基本不变；香港特别行政区政府由香港当地人组成；香港现行的社会、经济制度不变，生活方式不变；香港特别行政区将保持自由港和独立关税区的地位，保持国际金融中心的地位，保持财政独立；香港特别行政区可以以"中国香港"的名义单独地同各国、各地区以及有关的国际组织保持和发展经济、文化关系；香港社会治安由香港特别行政区政府负责维持；中

国政府的这些基本方针政策50年不变。实践证明,中国政府的这些方针政策对维护回归后的香港的稳定起到了极其重要的作用。

399. 香港问题的解决有什么重要影响?

香港问题的解决、香港的顺利回归有着重要的意义。香港回归一扫中华民族百年的屈辱,使中国人扬眉吐气,增强了中华民族的凝聚力,标志着中国人民向祖国统一的伟大目标迈出了重要的一步,并为澳门的回归开启了

香港风光

一个良好的开端,也为最终解决台湾问题奠定了基础。这也说明一国两制的构想是正确的、可行的。另外,中英两国政府通过和平谈判解决了香港问题,为和平解决国际争端,特别是解决国与国之间的历史遗留问题提供了新的经验,树立了良好的榜样。香港问题的解决,显示了中国人民捍卫国家主权、维护祖国统一的决心和智慧。

400. 葡萄牙是怎样占领澳门的?

15至16世纪的地理大发现,使葡萄牙成为当时的一个海上强国。葡萄牙开辟了通往东方的航线,并把殖民势力扩展到东南亚,还不断地试图侵入中国。早在明朝嘉靖年间,葡萄牙的船舶便通过贿赂明朝官员,取得了在澳门停靠的便利。1554年,葡萄牙又借口航船触礁,货物被海水浸湿,请求在澳门借地晾晒,同时贿赂广东的官员,获准在澳门登陆,形成了占据澳门的事实,并在以后同西方殖民国家的争夺中占得便利。在鸦片战争以后的时期里,葡萄牙力求扩大对澳门的占领,并试图通过签订

澳门风光

条约,玩弄阴谋,使对澳门的占领合法化。然而,我国政府从来都没有将澳门割让给葡萄牙,只是在当时,中国国力衰弱,已经无力维护在澳门的主权了。直到新中国成

立以前,澳门一直由葡萄牙非法占领着。实际上,澳门自古以来一直就是中国的领土。

401. 澳门是殖民地吗?

殖民地是指一国在国外所侵占并将它的大批居民移往居住的地区。如果某个地方丧失了政治经济独立权力,受别的国家管辖,这样的地区就会被认为是殖民地。而澳门自古以来就是中国的领土,只是被葡萄牙占领而已,不是被殖民国家占据的没有主权归属的殖民地,解决澳门问题是中国主权范围内的事情。可是在1955年,当时的葡萄牙政府竟公然宣称澳门是葡萄牙的一个省,这一行为遭到了我国政府的强烈反对。1972年,联合国非殖民化特别委员会也曾将香港、澳门列入殖民地的范围,在中国据理力争和强烈反对下,终于将香港和澳门从殖民地名单上删掉。1974年,葡萄牙发生革命,新政府宣布放弃殖民主义。以后葡萄牙又修改宪法,承认澳门不是殖民地,而是中国的领土,只是由葡萄牙进行治理;澳门是葡萄牙管理的一个"特殊地区"。

402. 澳门是如何回归祖国的?

近代以来,中国从贫穷走向富强,国际地位大幅度提高,为解决澳门问题奠定了基础。1979年,中国和葡萄牙建交,双方都认为,澳门是由葡萄牙管理的中国领土,在适当的时候,两国将通过友好协商来解决这个历史遗留问题。随着中国和英国关于香港问题的联合声明的出台,1986年,中国和葡萄牙也开始了关于澳门问题的谈判。经过一些波折和困难以后,在双方的努力下,两国终于在1987年草签了《关于澳门问题的联合声明》，我国在同年批准了这个声明。根据声明，两国都认为澳门是中国的领土，中国将于1999年12月20日恢复对澳门行使主权。和对待香港一样，中国政府对澳门的基本方针政策也是一国两制。1999年12月20日，澳门终于回到了祖国的怀抱。

中国澳门特别行政区区旗

编后记

世界的未来是青少年的，而世界未来的希望在海洋。21世纪的今天，世界已经进入全面开发和利用海洋的新时代。

在我国青少年中全面、系统地开展海洋知识的普及教育，以适应国际形势变化的需要和未来人类社会发展的需要，是我们当代海洋科技教育工作者的责任和义务。有感于此，我们来自国家机关、高等院校、科研院所、军事机构等40多位海洋科技工作者，花费了三年多时间，精心策划并编撰完成了我国有史以来第一部海洋知识体系最完备、内容最全面的科普图书。

《海洋小百科全书》共分20册，300余万字，110个知识大类，总7000余个知识问答，几乎涵盖了海洋自然科学、海洋人文科学、海洋军事科学的全部基本内容。本书第一版由中国少年儿童出版社于2002年5月出版，2003年9月荣获由中共中央宣传部等国家7个部门联合颁布的"第五届全国优秀科普作品奖科普图书类三等奖"。本书于2007年10月修订再版，现再次修订，由中山大学出版社出版。本次修订在保持原有知识体系和编写风格基本不变的情况下，除进行必要的知识内容更新外，又新增加了《海洋经济》分册，使《海洋小百科全书》的知识体系进一步完备，知识内容更加丰富。

本书自2002年5月出版至今，一直得到社会的普遍关注和广大读者的厚爱，在此，一并向曾经对本书编撰、出版、发行、修订等作出过贡献的人们表示衷心的谢意。

由于本书涵盖的知识内容宽泛，编写任务十分繁重，难免有知识遗漏和编写不当之处，欢迎广大读者提出宝贵的意见和建议。

《海洋小百科全书》主编：关庆利
2010年9月24日

《海洋小百科全书》分类目录

（20分册·110类）

1 海洋地理
海洋地理大观
世界海岛揽胜
海洋地理趣闻
奇妙海底世界
海洋地质灾害
神奇中国岛岸

2 海洋水文
多姿多彩的海洋
海水的自然神韵
海洋与人类互动
探测海洋的波脉

3 海洋气象
走近海洋风暴
探寻海洋天气
感受海洋冷暖
变换海洋风雨
领悟沧海桑田
俯观海气轮回

4 海洋探险
古代海洋探险
近代海洋探险
现代极地探险
环球海洋风采

5 海洋航运
船舶千秋史话
航海妙趣万千
惊涛铸造奇闻
中国航运今昔
船运业务趣谈

6 极地科考
挑战人类的环境
不可争夺的领土
南极人的生活
南极生物奇趣
揭开奥秘的考察
北极世界的探索

7 海洋生物
无限生机的海洋
迷人的海洋奇葩
璀璨的贝类明星
威武的虾兵蟹将

微小的海洋居民
多彩的海洋植物
8 海洋动物
奇妙的动物家族
高超的生存技巧
神秘的自然之谜
复杂的生存关系
多彩的情爱生活
狰狞的危险动物
友善的人类朋友
9 海洋渔业
千姿百态捕鱼技术
海洋渔业发展史话
名贵海产品趣味谈
海产品美食与营养
海产品保健与药用
10 海洋化学
海水的趣味故事
海水的化学秘密
海水的化学资源
无尽的海底宝藏
流泪的海洋环境
11 海洋物理
妙趣横生海洋物理
威力无比海洋声学

奇光异彩海洋光学
探索海洋高新技术
四通八达海底电缆
准确无误导航技术
12 海洋工程
人类水下生活
探索海底世界
雄伟近岸工程
海上铸造希望
港口飞架彩虹
旅游方兴未艾
无尽海洋能源
13 海洋科教
著名的海洋科学家
世界海洋科技之最
重大海洋科学考察
世界海洋科研教育
14 海洋权益
蓝色的海洋国土
繁杂的海域划分
激烈的海洋争斗
独特的海运规则
严格的船舶管理
复杂的海事纠纷
神圣的海洋权益

15 海洋经济
　海商奠基帝国兴起
　追寻民族海商踪迹
　当代海洋经济概览
　日新月异朝阳产业
　夯实蓝色经济基石

16 海洋文学
　中国古代海洋文学
　中国现代海洋文学
　外国古代海洋文学
　外国现代海洋文学
　中外海洋影视文学

17 海洋文化
　海洋神化故事
　海洋语言文字
　海洋绘画名作
　海洋雕塑艺术
　海洋音乐经典
　海洋民俗风情

　海洋著作学说

18 海军兵器
　凶悍的汪洋猛鲨
　奇妙的掠波剑鱼
　神秘的龙宫巨鲸
　无敌的长空雄鹰
　未来的海战新秀
　难忘的千年风流

19 古今海战
　古代海战追踪
　近代海战掠影
　"一战"群雄争霸
　"二战"邪灭正兴
　现代海战大观

20 海洋军事
　海军兵力纵横
　海军礼仪风采
　海军名人传奇
　海军趣闻轶事